Lehrplan Deutscher Turner-Bund

Breitensport

1 Gymnastik und Tanz

BLV Verlagsgesellschaft
München Wien Zürich

CIP-Kurztitelaufnahme der Deuschen Bibliothek

Deutscher Turner-Bund:
Lehrplan/Deutscher Turner-Bund. – München; Wien; Zürich: BLV Verlagsgesellschaft
(Breitensport)
1. → Gymnastik und Tanz

Gymnastik und Tanz/[Zeichn. Hellmut Hoffmann]. – München; Wien; Zürich: BLV Verlagsgesellschaft, 1983.
(Lehrplan/Deutscher Turner-Bund; 1)
(Breitensport)
ISBN 3-405-12824-2

NE: Hoffmann, Hellmut [Jll.]

Titelfoto: Rupert Leser
Grafik: Hellmut Hoffmann

Bildnachweis:
Alle Fotos Dieter Birkner und Karl-Heinz Schwirtz außer:
DTB-Archiv S. 84, 85, 95
Aenne Fischer-Roepke S. 83, 86, 87
Thomas Knoeckel S. 63 unten, 67, 70
Rupert Leser S. 60, 63 oben, 64, 65, 69, 71

Fachredaktion:
Monika Mildenberger-Schwirtz

Gesamtherstellung: Ludwig Auer, Donauwörth
Printed in Germany · ISBN 3-405-12824-2

Inhalt

Geleitwort

Der Deutsche Turner-Bund (DTB) ist sowohl »Verband für das vielseitige Turnen im Sinne des Breiten- und Freizeitsports« als auch »Verband für die von ihm national und international vertretenen Sportarten«.
In 13000 Turnvereinen und Turnabteilungen bekommen weit über 3 Millionen »Aktive« ein breitgefächertes fachliches und geselliges Angebot. Die Palette reicht vom Kleinkindbereich über das Kinder- und Jugendturnen, das Frauen- und Männerturnen, bis hin zum Seniorenbereich. Lebensbegleitende, aktive und zugleich vielseitige Freizeitgestaltung im Turnverein also, mit betont familienfreundlichem Charakter.
Sicher können der DTB, seine Mitgliedsverbände und Vereine stolz sein auf die geleistete sportliche und sozialwirksame Arbeit. Doch noch immer betreiben 20 Millionen Frauen in der Bundesrepublik Deutschland keinen Sport, bieten viele tausend Vereine noch keine regelmäßigen Programme z. B. für Kinder im Vorschulbereich und für die Senioren an. Dies zu ändern, bedarf neben einer gezielten Öffentlichkeitsarbeit vor allem der qualifizierten Ausbildung und Fortbildung der Übungsleiter, Fachübungsleiter, Trainer, Jugendleiter und Organisationsleiter. Die ehrenamtlichen oder nebenberuflichen Mitarbeiter benötigen für den praktischen Gebrauch (vor Ort im Verein) gut lesbare, verständlich aufbereitete Fachliteratur.
Zug um Zug, verteilt auf mehrere Jahre, entsteht deshalb im engen Zusammenwirken mit dem BLV Verlag ein Lehrplan, der wichtige Schwerpunktbereiche des Turnens abdecken und zugleich verbindlicher Bestandteil des »DTB-Ausbildungsplans« sowie des Aktionsprogramms »Sport und Gesundheit im Turnverein« sein soll.

Willi Greite
Präsident des Deutschen Turner-Bundes

Vorwort:

Lehrplanreihe zum Breiten- und Freizeitsport im Deutschen Turner-Bund

Der Deutsche Turner-Bund (DTB) nimmt im organisierten Sport der Bundesrepublik Deutschland eine Sonderstellung ein. Neben seiner leistungssportlichen Zielsetzung in den von ihm international vertretenen Fachgebieten arbeitet er überwiegend auf dem Feld des Breiten- und Freizeitsports. In dieser Hinsicht wird Turnen als vielfältige, lebensbegleitende Leibesübung für jedermann verstanden. Es umfaßt einerseits eine Vielzahl von Wettkampfformen in verschiedenen Disziplinen; andererseits gibt es eine große Anzahl von nicht wettkampforientierten, mehr spielerisch-sportlichen Bewegungsangeboten. Turnen wendet sich an Menschen jeden Alters, von der frühen Kindheit bis ins hohe Alter, und an beide Geschlechter.

Bei der Bedeutung des Breiten- und Freizeitsports im DTB ist es naheliegend, daß auch der Lehrarbeit in diesem Bereich eine hohe Priorität zukommen muß.

Das Bedürfnis nach Lehrhilfen und Arbeitsmaterialien für die verschiedenen Fachgebiete des Breiten- und Freizeitsports wurde immer wieder zum Ausdruck gebracht. Mit der nun begonnenen Lehrplanreihe hofft der DTB, diesen Wünschen entgegenkommen zu können. Der Begriff Lehrplan darf dabei nicht allzu eng ausgelegt werden im Sinn von allseits verbindlichen Lernziel- und Inhaltsbeschreibungen. »Lehrplan« bedeutet hier eine geordnete, halbwegs vereinheitlichte Zusammenfassung von Lehrinhalten und Arbeitshilfen, wie sie besonders im Rahmen von Aus- und Fortbildungslehrgängen angeboten werden. Die Pläne erhalten insofern aber eine gewisse Verbindlichkeit, als sie zum einen auf die formalen Vorgaben des DTB-Ausbildungsplanes und der Rahmenrichtlinien des Deutschen Sportbundes (DSB) zur Übungsleiterausbildung abgestimmt sind; zum anderen sind die Beiträge weitgehend von solchen Autoren verfaßt, die die von ihnen bearbeiteten Inhalte auch in der Lehrarbeit des DTB oder seiner Landesturnverbände vermitteln.

Die thematische Aufgliederung der Lehrplanreihe orientiert sich im wesentlichen an der Aufgabenstellung in den einzelnen Fachgebieten.

Die thematische Breite der einzelnen Lehrplanbände macht zumeist die Bearbeitung durch mehrere Autoren notwendig. Das birgt zwar die Gefahr eines nicht immer einheitlichen Darstellungsstils und auch nicht immer gleicher Auffassungen über einen Gegenstand. Wir nehmen diese »Schwäche« hin, entspricht sie doch auch der Lehrgangspraxis, wenn die Inhalte dort durch mehrere Referenten dargeboten werden. Ein aus lediglich einer Feder geschriebener Lehrplanband würde bei der Vielfalt und Unterschiedlichkeit der Lehrmeinungen im DTB eher auf Ablehnung stoßen, als daß er Verbindlichkeit herstellen könnte.

Folgende Bände sind vorgesehen:

Band 1: Gymnastik und Tanz
Band 2: Seniorenturnen
Band 3: Freizeitspiele
Band 4: Sportspiele
Band 5: Jugendturnen
Band 6: Kinderturnen
Band 7: Vielseitiges Turnen
Band 8: Spitzensport

Dr. Herbert Hartmann
Bundesoberturnwart

Einleitung

Frauenturnen im Deutschen Turner-Bund

Das fachliche Angebot

Turnen ist ein vielseitiges Angebot im Sinne des Breiten- und Freizeitsports, offen für alle – von Kindern bis zu Senioren. Das Angebot umfaßt eine große Zahl von Bereichen, die im Deutschen Turner-Bund organisiert und koordiniert werden. Zum Bereich Frauenturnen gehören

- Gymnastik und Tanz
- Volkstümliches Geräteturnen
- Freizeitspiele und Sportspiele.

Darüber hinaus sind weitere Sportarten, die vom Deutschen Turner-Bund betreut werden, in das Angebot einbezogen, hier unter Verwendung von Geräten, leichtathletischer und schwimmerischer Elemente.
Das fachliche Angebot gliedert sich in

- Spiel- und Übungsbetrieb der Vereine
- Wettkampf- und Veranstaltungsprogramm.

Das Wettkampf- und Veranstaltungsprogramm beinhaltet:

- **Wettkämpfe**
  Wahlwettkämpfe
  Gemischte Wettkämpfe
  Gruppenwettbewerb Gymnastik und Tanz
  Wettbewerb Geräteturnen und Gymnastik im Verein
  Turnvereins-Mannschaftswettkampf

- **Abzeichen**
  Deutsches Gymnastikabzeichen
  Deutsches Sportabzeichen
  Turnabzeichen
  Schwimmabzeichen

- **Offene Angebote**
  Angebote im Rahmen der Trimm-Spiele
  Gymnastik-Treff, Spiel-Treff
  Lauf-Treff

- **Veranstaltungen, Großraumvorführungen und Turnschauen bei**
  Gymnaestraden
  Deutsche Turnfeste,
  Landesturnfeste,
  Gau- (Kreis)Turnfeste
  Vereinsveranstaltungen.

Die Bedeutung von Gymnastik und Tanz

Schwerpunkt des fachlichen Angebots im Frauenturnen ist der Bereich Gymnastik und Tanz. Dieser Bereich umfaßt im einzelnen folgende Teile:

- **Gymnastik**
  Wirkungsgymnastik
  Allgemeine Gymnastik
  Rhythmische Gymnastik
  Jazzgymnastik

- **Tanz**
  Folklore-Tanz
  Moderne Tanzformen
  Jazztanz
  Darstellender Tanz/Tanzspiel

- **Gymnastik und Tanz**
  Zur sinnvollen Freizeitbeschäftigung gehört in erster Linie der Spiel- und Übungsbetrieb im Verein. Dieser Übungsbetrieb ist ein Angebot zur kontinuierlichen und oftmaligen Betätigung.
  Wenn sich aus diesem Übungsbetrieb der Gedanke zum Mitmachen beim Wettkampf ergibt, so ist das eine logische Folge. Der

Leistungsgedanke, der Wettkampfgedanke ist im Grunde positiv, die aktive Betätigung im Übungsbetrieb hat jedoch eindeutig den Vorrang. Turnen, Spiel und Sport tragen zur Verbesserung der Lebensqualität bei. Diese bezieht sich auf:

- **den Freizeitwert:** als Ausgleich zur täglichen Arbeit
- **den Gesundheitswert:** viele Frauen gehen in die Turnstunde, um gesund zu bleiben; nicht nur die körperliche Gesundheit ist mit dem Gesundheitswert gemeint
- **die Freude:** gerade die Freude an der Bewegung ist ein wesentlicher Teil des Turnens als bedeutungsvolle Komponente zur körperlichen Fitness
- **den Bildungswert:** Turnen ist lebensbegleitende Leibesübung im Verein, ist Bildung im Sinne der Vermittlung von Grunderfahrungen und in der Anregung zu eigenem schöpferischen Gestalten; wo gibt es wohl mehr Möglichkeiten zur Kreativität als bei Gymnastik und Tanz
- **den Sozialwert:** die Begegnung der Menschen im Verein ist heute notwendiges Gegengewicht zum Mangel an menschlichen Bindungen und zur Vereinsamung. Die mitmenschlichen Beziehungen, das Leben in der Gemeinschaft, das Erleben der Gemeinschaft ist ein wesentlicher sozialer Faktor des Vereins. Viele Frauen wollen neben der Praxis gerade diese Gemeinschaft, die auch zur Geselligkeit, zu geselligen Veranstaltungen außerhalb der Turnstunde führt.

Aus- und Fortbildung

Allgemeines

- Turnen vermittelt Freude an Bewegung und Spiel, dient der Gesunderhaltung, ermöglicht die Steigerung der persönlichen Leistung.
- Kennzeichnend für das Turnen sind die Anforderungen zur vielseitigen Bewegung und wechselnde Angebote für alle Altersstufen.
- Turnen ist betont familienorientiert und bezieht über das fachlich-praktische und sportlich-technische Wirken hinaus musische, kulturelle und gemeinschaftsbildende Aktivitäten sowie die Pflege der Geselligkeit mit ein.
- Turnen bietet die Möglichkeit zu aktiver Betätigung in seiner gesamten Vielfalt.
- Turnen ist ein Weg zur aktiven Freizeitgestaltung.

Die vorgenannten Grundsätze sowie die Ziele des Deutschen Turner-Bundes schlechthin müssen im wesentlichen in der Vereins- und Verbandsarbeit zum Tragen kommen. Aufgabe des Deutschen Turner-Bundes und seiner Mitgliedsverbände ist es, Vereins- und Verbandsmitarbeiter so qualifiziert aus- und fortzubilden und zu informieren, daß diese die Grundsätze, Programme und Schwerpunkte wirkungsvoll mitgestalten und umsetzen können. Bedürfnisse und Erfahrungen der Vereinsebene werden in der verbandlichen Lehrarbeit bevorzugt berücksichtigt. Der Ausbildungsplan des Deutschen Turner-Bundes enthält alle derzeitigen Möglichkeiten der Lizenzmaßnahmen. Er erfüllt zugleich den Anspruch der »Rahmen-Richtlinien für die Ausbildung des Deutschen Sportbundes«.
Der DTB-Ausbildungsplan ist verbindlich für den Gesamtbereich des Deutschen Turner-Bundes. Geregelt ist in diesem Plan die jeweilige Durchführungsebene der einzelnen Ausbildungsgänge.

Ausbildungsmöglichkeiten im Frauenturnen

Die Aus- und Fortbildungsmaßnahmen des Deutschen Turner-Bundes, der Landesturnverbände und der Turngaue bzw. der Turnkreise sind sehr vielschichtig angelegt. Zu den Ausbildungsprogrammen gehören Lehrgänge zur Vermittlung des fachlichen Angebots, insbesondere Lizenz-Ausbildungen. Die Ausbildungslehrgänge sind auf die Arbeit der Turn- und Sportvereine ausgerichtet.
Die tabellarische Zusammenstellung gibt einen Überblick über die verschiedenartigen Ausbildungsmöglichkeiten. Zur Fortbildung – auch zur Verlängerung der Lizenzen und Ausweise – werden Lehrgänge mit verschiedenen Schwerpunkten angeboten. Zu diesen Fortbildungsmaßnahmen zählen auch die Spezialausbildungen z. B. in der Jazz-Gymnastik und in der Aerobic-Gymnastik.
Darüberhinaus bestehen Ausbildungsmöglichkeiten zum Kampfrichter – im Frauenturnen für den Wahlwettkampf (Gymnastik und Geräteturnen) und für den Gruppenwettbewerb Gymnastik und Tanz.

Ausbildung zum	Voraussetzung	Dauer der Ausbildung (Unterrichtseinheiten)	Ausbildungsbereiche		Lizenz
Helfer/Vorturner	14 Jahre	45–60 UE	Vielseitiges Turnen		DTB-Vorturner-Ausweis
Übungsleiter, Schwerpunkt Frauenturnen	18 Jahre	120 UE	1 Geschichtlich-soziologischer Bereich 2 Organisatorisch-verwaltender Bereich 3 Biologisch-medizinischer Bereich 4 Pädagogischer-psychologischer Bereich	ca. 40 UE	Übungsleiter-Lizenz DSB (1. Lizenz) Träger der Ausbildung DTB
			5 Bereich der Bewegungslehre 6 Bereich der Bewegungserfahrung mit den fachlichen Schwerpunkten Gymnastik und Tanz, Volkstümliches Gerätturnen, Spielen; einbezogen auch Leichtathletik, Schwimmen und weitere Fachgebiete des DTB	ca. 80 UE	
Übungsleiter, Schwerpunkt Gymnastik und Tanz	18 Jahre	120 UE	1–4 siehe oben 5–6 siehe oben, hier mit dem Schwerpunkt Gymnastik und Tanz; einbezogen auch weitere Angebote des vielseitigen Turnens		Übungsleiter-Lizenz DSB (1. Lizenz) Träger der Ausbildung DTB
Übungsleiter mit Zusatzausbildung Gymnastik und Tanz	18 Jahre Übungsleiter-Lizenz DSB, Schwerpunkt Frauenturnen	60 UE	Gymnastik und Tanz		DTB-Lizenz
Prüfer Deutsches Gymnastikabzeichen Stufe 1	18 Jahre Deutsches Gymnastikabzeichen Stufe 1	15 UE	Deutsches Gymnastikabzeichen Stufe 1 Methodik, Prüfungskriterien		DTB-Prüferausweis Stufe 1
Prüfer Deutsches Gymnastikabzeichen Stufe 2	18 Jahre	15 UE	Deutsches Gymnastikabzeichen Stufe 2, Methodik, Prüfungskriterien		DTB-Prüferausweis Stufe 2

Gymnastik

Richtungen der Gymnastik

Die Gymnastik ist wie kaum ein anderer Bereich ständigen Wandlungen ausgesetzt; durch Kreativität wird sie immer vielfältiger. Sie gibt jedem die Möglichkeit zur freien Entfaltung. Durch ständig neue Entwicklungen haben sich verschiedene Richtungen in der Gymnastik herausgebildet, es ist ein vielfältiges Angebot entstanden. Die verschiedenartigen Formen und die verschiedenen Richtungen lassen sich nicht eindeutig trennen, sie gehen ineinander über. Im Deutschen Turner-Bund läßt sich die Gymnastik in vier Bereiche gliedern:

- Wirkungsgymnastik
- Allgemeine Gymnastik
- Rhythmische Gymnastik
- Jazzgymnastik

Gymnastik – Rhythmisches Bewegen mit Musik

Wirkungsgymnastik	● Haltungs- und Atemschulung, Körperbildung ● Schulung der Beweglichkeit, der Geschicklichkeit und der Koordinationsfähigkeit ● Fitnesstraining und Ausdauerschulung	Zweckgymnastik für bestimmte Sportarten Intensivprogramm Aerobic-Gymnastik
Allgemeine Gymnastik	● Grundformen der Gymnastik – Federn, Hüpfen, Gehen, Laufen, Springen, Schwingen ● Verwendung der Handgeräte Ball, Band, Keule, Reifen, Seil	Übungen der Gymnastik im Wahlwettkampf Übungen des Deutschen Gymnastikabzeichens, insb. Stufe 2
Rhythmische Gymnastik	● Kreativität, Improvisation, Bewegungsgestaltung ● Enge Verwandtschaft von Gymnastik und Tanz	Gruppenwettbewerb Gymnastik und Tanz Gruppengestaltungen und Vorführungen
Jazz-Gymnastik	Jazzspezifische Bewegungstechniken: Isolationstechnik und die sich daraus ergebenden Koordinationsmöglichkeiten	Jazzgymnastik = Training, Exercise Jazztanz = ausdruckhaftes Improvisieren, Gestalten, Reproduzieren

Wirkungsgymnastik

Die Wirkungsgymnastik beinhaltet die Bereiche der Atem- und Haltungsschulung, die Schulung der Beweglichkeit, der Geschicklichkeit und der Koordination. Sie soll die körperliche Leistungsfähigkeit steigern. Hierbei kommt besonders der gesundheitliche Aspekt zum Tragen. Um ein bestimmtes Ziel zu erreichen, ist ein systematisches Üben notwendig – dies als Ausgleich zum Bewegungsmangel des täglichen Lebens oder auch als spezielle Zweckgymnastik für bestimmte Sportarten. Ständiges Wiederholen gehört dabei zum Übungsprinzip. Die Bewegungsfolge kann – unter Verfolgung des gleichen Ziels – variiert und durch Verwendung von Musik abwechslungsreich gestaltet werden.
Die Übungen des Deutschen Gymnastikabzeichens der 1. Stufe gehören zum Bereich der Wirkungsgymnastik. Diese Übungen und insbesondere die dazugehörenden Übungsfolgen als methodische Hinführung sind geeigneter Stoff für die gymnastische Grundschulung.

Allgemeine Gymnastik

Anders als bei der Wirkungsgymnastik gibt die Allgemeine Gymnastik vielfältige Variationsmöglichkeiten im Rhythmus, in der Dynamik, in der Choreographie, im Bewegungsablauf und in der Verwendung von Handgeräten. Sie basiert auf den Grundformen der Gymnastik – Federn, Hüpfen, Gehen, Laufen, Springen und Schwingen. Sie wird wesentlich mitbestimmt durch die Handgeräte Ball, Band, Keulen, Reifen und Seil.
Die Richtung der Allgemeinen Gymnastik, hier insbesondere durch die Verwendung der Handgeräte, wird deutlich in vorgegebenen Übungsfolgen: Bei den

- Gymnastikübungen mit verschiedenen Schwierigkeitsgraden im Wahlwettkampf der Frauen,
- in den Übungen des Deutschen Gymnastikabzeichens der 2. Stufe.

Zur Allgemeinen Gymnastik gehört heute selbstverständlich die Musik.

Rhythmische Gymnastik

Sie ist nicht denkbar ohne Musik. Musik und Bewegung bilden hier eine Einheit, die Musik bestimmt die Bewegung oder – die Bewegung erfordert eine angepaßte Musik. Die Harmonie, die Übereinstimmung von Musik und Bewegung steht bei dieser Richtung der Gymnastik im Vordergrund, Kreativität und Bewegungsgestaltung sind die wesentlichen Elemente der Rhythmischen Gymnastik.
Bode schreibt der Musik bei dieser Gymnastik eine ganz besondere Bedeutung zu. Sein Ziel ist es nicht, »die Körperbewegungen zu begleiten, damit sich diese der Musik anpassen, sondern ein inniges Gefühl zu wecken, aufzustacheln, freizusetzen, das dann den körperlichen Ausdruck überträgt und das vollständig, ganzheitlich und rhythmisch ist«.
Typische Beispiele für diese hier beschriebene Gymnastik sind die Gestaltungen beim Gruppenwettbewerb Gymnastik und Tanz oder bei Vorführungen in diesem Bereich – ganz eng ist hierbei auch die Verwandtschaft von Gymnastik und Tanz.

Jazzgymnastik

Zunächst ein eindeutiges Bekenntnis zur Jazzgymnastik. Aber wenn Jazzgymnastik, dann wirklich Jazzgymnastik. Freie Gymnastikbewegungen nach Beat-, Pop- und Jazzmusik sind noch lange keine Jazzgymnastik.
Was ist Jazzgymnastik? Fernando Damaso definiert sie so: »Jazzgymnastik ist nichts anderes als Elementarer Tanz mit erzieherischen Zielen, der von verschiedenen technischen Elementen des Jazztanzes, aber nicht notwendigerweise ausschließlich von dieser Technik durchdrungen ist und unterstützt ist von einer Musik, die geeignet ist, die Tanzenden zu motivieren und den Bewegungsstil zu fördern, den wir anwenden«.
Monika Beckmann sieht die Jazzgymnastik so:
»Der Begriff Jazz steht in der Jazzgymnastik nicht für Musikrichtung, sondern wird hier im sportlichen Sinne eingesetzt, d. h. der Körper wird unter Einbeziehung von Jazzbewegungen, unterstützt von entsprechender Musik aus dem Jazzbereich, trainiert – wobei der Begriff Training in direktem Zusammenhang mit der Gymnastik Verwendung findet und die Bezeichnung Jazzgymnastik so bereits ihre Erklärung gefunden hat.«

Vielfalt mit gleichen Zielen

Die Aufzählung der verschiedenen Bereiche in der Gymnastik, verbunden mit dem Versuch von Begriffsbestimmungen und Erläuterungen der einzelnen Richtungen, zeigt die

Vielfalt der Möglichkeiten in diesem für das Frauenturnen typischen Bereich. Vielleicht erklärt sich gerade aus dieser Vielgestaltigkeit der große Zuspruch der Frauen in unseren Turnstunden. Kreativität ist in der Gymnastik immer gefragt – hier liegt eine wesentliche Motivation für den Übungsleiter.
Jeder Verein, jede Übungsleiterin, jede Gruppe suchen sich ihre Gymnastik. Für alle aber gelten die gleichen Ziele:

- Freude an der Bewegung
- Verbesserung der Gesundheit
- Steigerung der Bewegungsphantasie und der Bewegungsqualität
- das Miteinander in der Gemeinschaft, das Erleben der Gemeinschaft.

Für den Deutschen Turner-Bund gibt es keine Doktrin. Der DTB will Anregungen geben, Möglichkeiten der verschiedenen Richtungen in der Gymnastik aufzeigen und den Übungsleiterinnen das notwendige Handwerkszeug für die Vereinspraxis geben – jede einzelne soll ihren eigenen Stil entwickeln können.

1

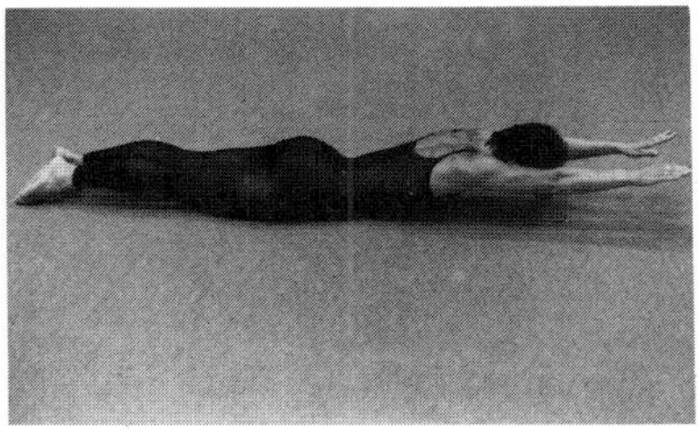

Wirkungsgymnastik

Die Wirkungsgymnastik ist eine spezielle Form der Gymnastik; dabei handelt es sich um bestimmte Bewegungsübungen, die auf verschiedene Körperfunktionen (wie Körperhaltung, Beweglichkeit, Atmung oder Koordination) wirken.

Bedeutung der Wirkungsgymnastik

Die Wirkungsgymnastik kann als Grundlage bzw. Voraussetzung für alle sportlichen Bewegungen angesehen werden.
Als Zweckgymnastik für einzelne Sportarten dient die Wirkungsgymnastik der Steigerung der körperlichen Leistungsfähigkeit bezogen auf die speziellen Anforderungen in der entsprechenden Sportart.
Ganz allgemein kann sie Zivilisationsschäden vorbeugen. Bedingt durch die heutigen Lebensgewohnheiten kommt es zu einer Beeinträchtigung der körperlichen Leistungsfähigkeit. Durch unnatürliche Dauerspannung, einseitige Belastung und Bewegungsmangel, ergeben sich Fehler in der Körperhaltung und -bewegung, die wiederum hemmend und schädigend auf die Tätigkeit der inneren Organe (Lungen, Herz, Verdauungsorgane) einwirken und damit den Gesamtorganismus beeinflussen.
Nach der Bedeutung läßt sich die Wirkungsgymnastik in folgende Schwerpunkte untergliedern:

1. Haltungs- und Atemschulung, Körperbildung
2. Schulung der Beweglichkeit, der Geschicklichkeit und der Koordinationsfähigkeit
3. Fitnesstraining und Ausdauerschulung

2

Haltungs- und Atemschulung, Körperbildung

Haltungsschulung

Für eine erfolgreiche Haltungsschulung ist eine ausreichende Kräftigung verschiedener Muskulaturbereiche notwendig. Vor allem die

- Rückenmuskulatur
- Bauchmuskulatur
- Gesäßmuskulatur
- Bein- und Fußmuskulatur

müssen gestärkt werden.

Übungsbeispiel
Ziel: Kräftigung der Rückenmuskulatur.
Bauchlage, Arme vorhoch anheben und hochhalten, Kopf gerade halten, Beine liegen geschlossen am Boden (gleichmäßig durchatmen!), Senken der Arme. (1 + 2)
Fehler:

- Kopf zu weit im Nacken
- Anheben der Beine, dadurch Hohlkreuz.

3

4

Atemschulung

Gute und richtige Atmung ist eine der Grundvoraussetzungen für gesunde und erfolgreiche sportliche Betätigung. Aufgabe der Atemschulung ist die Schulung der

- richtigen Atemtechnik
- verschiedene Atemformen,

die Kräftigung der

- Atemmuskulatur,

die Dehnung der

- Brustmuskulatur.

Übungsbeispiel
Ziel: Schulung der Brustatmung
Rückenlage, Beine anstellen, Hände auf den unteren Rippen, tief in den Brustkorb einatmen, mit den Händen die Erweiterung des Brustkorbes fühlen (3).
Fehler:

- Bauchdecke hebt sich.

Schulung der Beweglichkeit, der Geschicklichkeit und der Koordinationsfähigkeit

Schulung der Beweglichkeit

Die Beweglichkeit des Körpers ist vor allem davon abhängig, wie beweglich die Wirbelsäule und Gelenke und wie dehnbar die Muskulatur ist.

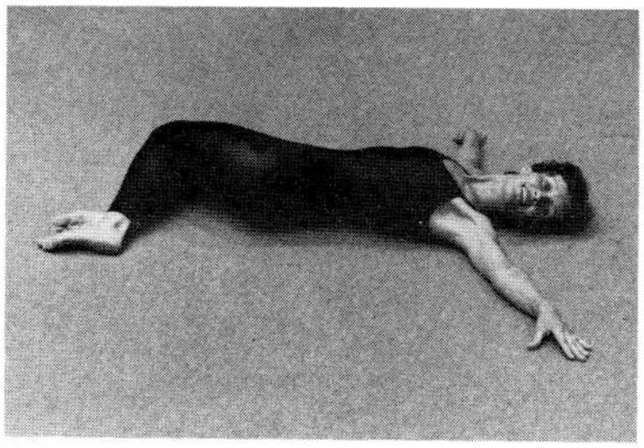

5

Übungsbeispiel
Ziel: Beweglichmachen der Wirbelsäule.
Rückenlage, Beine anstellen, Arme in der Seithalte, Kopf gerade halten, (4)
Ablegen beider Knie zur rechten Seite mit gleichzeitigem Kopfdrehen zur linken Seite, (5)
beide Schultern bleiben auf dem Boden.
Fehler:

- Anheben der entgegengesetzten Schulter
- Übung wird zu schnell ausgeführt.

6

Schulung der Geschicklichkeit, Koordinationsfähigkeit

Zur Schulung der Geschicklichkeit und Koordinationsfähigkeit ist es zweckmäßig, Schwerpunkte in folgenden Bereichen zu setzen:

- Gleichgewicht
- Reaktionsschnelligkeit
- Gewandtheit.

Übungsbeispiel
Ziel: Schulung der Reaktionsschnelligkeit.
Laufen im Raum,
auf Zuruf stehenbleiben.
Variation:

- Bestimmte Positionen einnehmen (6)

statt Laufen: Seitgalopp, Hüpfer.

Fitnesstraining und Ausdauerschulung

Fitnesstraining

Der Begriff Fitness hat in der letzten Zeit eine besondere Bedeutung erlangt. Es ist förmlich eine Fitnessbewegung entstanden, in der ein Teil der Bevölkerung versucht, auf verschiedene Arten gute Form und Gesundheit zu erreichen, bzw. zu erhalten. Dabei spielen neben der körperlichen Betätigung auch Ernährungsfragen, gesunder Lebenswandel usw. eine Rolle. Für körperliches Fitnesstraining sind u. a. zu nennen

- Zirkeltraining
- Lauftraining (Trimm-Trab, Lauf-Treff u. ä.)
- Konditionsgymnastik.

Zirkeltraining
Merkmale: Belastungswechsel unterschiedlicher Muskelgruppen an aufeinanderfolgenden Stationen. Die Übungen werden entweder in einer bestimmten Zeit oder mit einer vorgegebenen Wiederholungszahl ausgeführt.

Beispiel für ein Zirkeltraining

1. Übersteigen von vier kleinen Kästen, die in einer Bahn im Abstand von 1,50 m aufgestellt sind.

2. Rückenlage, Arme in Verlängerung des Körpers, die Hände halten einen Medizinball (1500 g). Eine Turnbank steht quer zum Körper über den Füßen; Aufrichten aus der Rückenlage in den Sitz. Medizinball zweimal auf die Bank tippen und Zurücksenken in die Rückenlage.

3. Achterlauf mit Sprung über eine Turnbank, an deren Enden je ein Kasten quer steht; von einem Kastenende nach links oder rechts beginnend über die Bank im Laufsprung, um den Kasten und über die Bank zurück zur Ausgangsstellung.

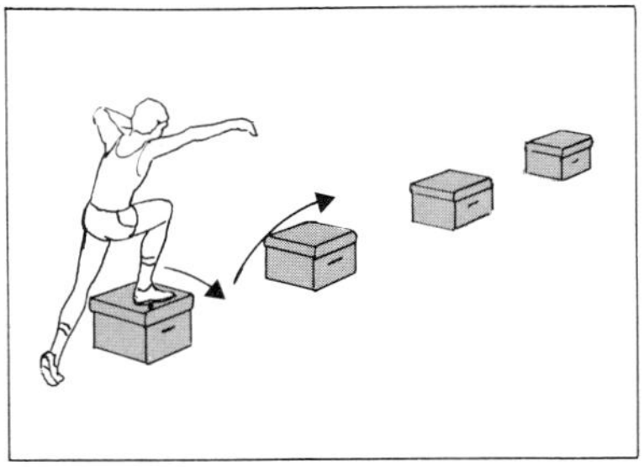
Übung 1

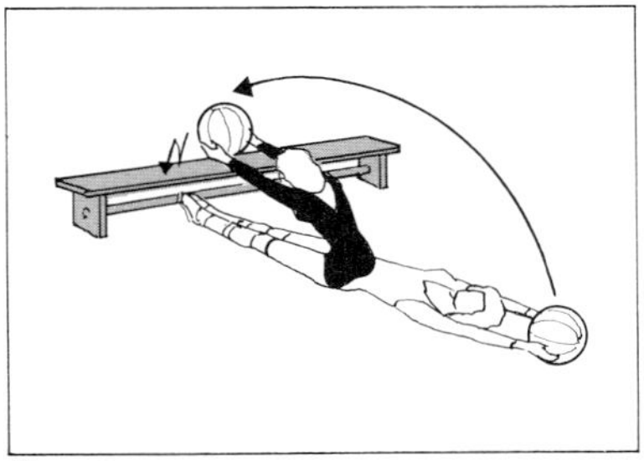
Übung 2

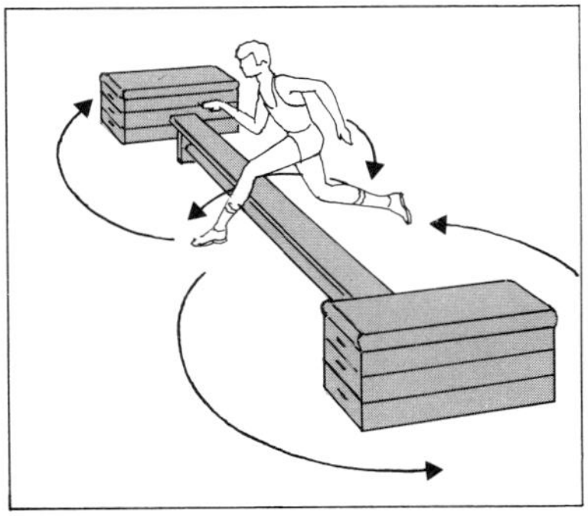
Übung 3

Übung 4
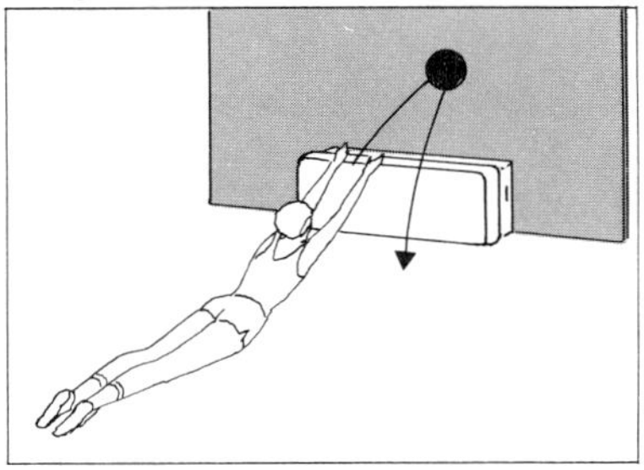

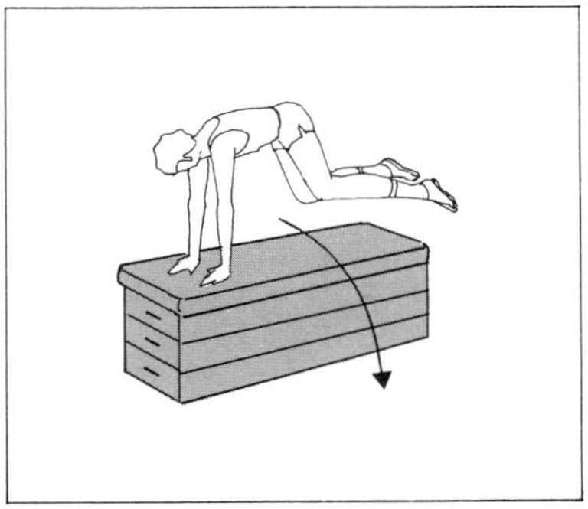
Übung 5

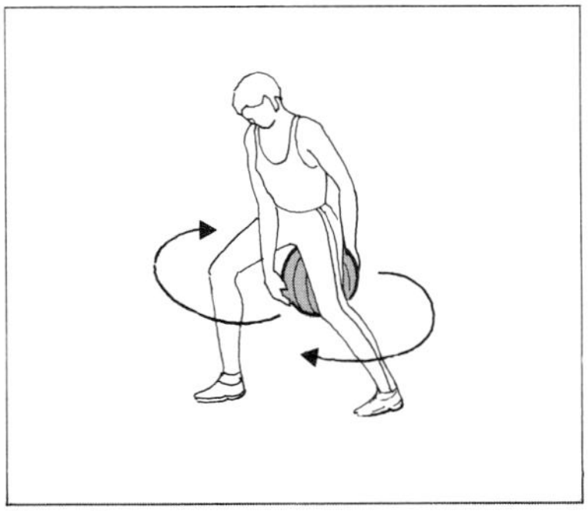
Übung 6

4. Aus der Bauchlage mit beiden Händen einen Medizinball (1500 g) über ein längsseitig hochgestelltes Kastenoberteil an die Wand stoßen. Abstand zwischen Kopf und Wand 1,50 m.

5. Hockwende über einen 50 cm hohen Kasten mit Nachfedern der Beine.

6. Seitgrätschstellung und Vorbeugen des Rumpfes mit Halten eines Medizinballes (1500 g) zwischen den Beinen, wobei sich die linke Hand vor dem Körper und die rechte Hand hinter dem Körper – oder umgekehrt – befindet: Ständiges Wechseln der

Übung 7

Übung 8

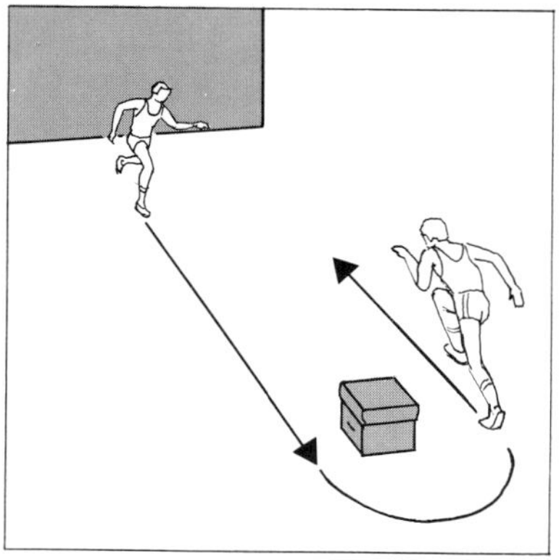

Griffposition (vordere Hand hinten, hintere Hand nach vorn), ohne daß der Ball den Boden berührt.

7. Slalom-Prellen mit dem Gymnastikball um vier Medizinbälle, die im Abstand von je 3 m hintereinander liegen.

8. Lauf von einer Wand um einen 15 m entfernt stehenden Kasten oder eine aufgestellte Stange.

Aerobic-Gymnastik

Mit der Kampagne »Sport und Gesundheit« des Deutschen Sportbundes wird den Vereinen schwerpunktmäßig eine besondere Aufgabe gestellt. Diese Kampagne soll helfen – bei entsprechender Lebensgestaltung –, Krankheitsrisiken zu verringern, weil jeder im wesentlichen für seine Gesundheit selbst verantwortlich ist.
Insbesondere ist in diesem Zusammenhang der Risikofaktor **Bewegungsmangel** mit seinen nachteiligen Auswirkungen auf das Herz-Kreislauf-System und den Bewegungsapparat zu nennen. Dem Bürger sollen die Zusammenhänge zwischen Sport und Gesundheit bewußt gemacht werden. Slogan der Kampagne ist »Trimming 130 – Bewegung ist die beste Medizin«, wobei die Zahl für die erstrebenswerten Pulsschläge pro Minute (gehalten über 10 Minuten oder länger) steht. Doch dann kam die Aerobic-Welle, die zumindest vorübergehend die vorhin genannte Gesamtaktion überdeckte. Aerobic-**Gymnastik** – so ist die offizielle Bezeichnung des Deutschen Turner-Bundes – ist ein attraktives Angebot des Gesamt-Gymnastikprogrammes unserer Vereine. Hiermit kommt der Deutsche Turner-Bund mit seinen Vereinen den Bedürfnissen vieler Menschen, die noch keinen Sport betreiben, entgegen: Aerobic-Gymnastik als Möglichkeit zur sportlichen Aktivierung vieler Kinder, Jugendlicher, Frauen und Männer.

7

Was ist Aerobic-Gymnastik?

Aerobic, in den USA seit Jahren ein Bewegungshit, begeistert inzwischen auch viele Millionen Europäer.
Der amerikanische Astronautenarzt Dr. Kenneth Cooper gilt allgemein als der Vater von »Aerobics«; so nannte er sein durchdachtes Ausdauer- und Bewegungstraining. Die Sportlehrerin Jacky Sorensen griff die Grundgedanken von Dr. Cooper auf und brachte „Aerobics" in den tänzerisch-gymnastischen Bereich ein. Andere – meist kommerziell verwendete – Bezeichnungen sind z. B. Aerobic-Dancing, Aerobic-Dance oder Workout.
Da Aerobic, so wie es bei uns im Deutschen Turner-Bund betrieben wird, überwiegend gymnastische Elemente und Übungsformen enthält, lautet die offizielle Bezeichnung im DTB »Aerobic-Gymnastik«.

8

9

Aerobic-Gymnastik ist somit der Hauptbeitrag des Deutschen Turner-Bundes zur übergreifenden Kampagne »Trimming 130 – Bewegung ist die beste Medizin« des Deutschen Sportbundes.
Das Wort Aerobic kommt aus dem Griechischen. Frei übersetzt heißt es nichts anderes als »mit Luft«, »mit Sauerstoff«. Übertragen auf die Aerobic-Gymnastik bedeutet dies, daß durch richtig dosierte, regelmäßige Bewegung die Ausdauer gesteigert wird, daß der Körper genügend Sauerstoff speichert und ihn so zu größerer Leistung befähigt.
Die äußerst dynamische und intensive Aerobic-Gymnastik verbessert jedoch nicht nur die Ausdauer, sondern auch die weiteren motorischen Grundeigenschaften wie Koordination, Flexibilität oder Geschicklichkeit und die Kraft.
Dazu kommen als ein positiver Zusatzeffekt die Freude und der Spaß, den jeder bei der Aerobic-Gymnastik empfindet. Aerobic-Gymnastik umfaßt praktisch alle Bereiche der Wirkungsgymnastik, die Grundlage für andere Gymnastikrichtungen ist. Aerobic-Gymnastik ist eine attraktive – und für die meisten auch eine neue – **Variante** der Gymnastik.

Warum Ausdauerschulung?

Der Sportmediziner Prof. Dr. Hollmann hat nachdrücklich auf die gesundheitlichen Vorzüge aerober Ausdauerarbeit hingewiesen. Dabei geht es, vereinfacht dargestellt, darum, daß bei einer entsprechenden körperlichen Belastung die Sauerstoffzufuhr und der Sauerstoffverbrauch im Gleichgewicht sind.
Werden Herz und Kreislauf **regelmäßig** bis zu einer bestimmten, individuell unterschiedlichen Grenze trainiert, ist das eine hervorragende Vorbeugung gegen Herzinfarkt und andere Zivilisationskrankheiten.
Formel für die individuelle Grenze der Pulsfrequenz:

220 Pulsschläge minus Alter

70–85% von dem errechneten Wert ergibt die persönliche optimale Pulsbelastung.
Beispiel: Alter 40, erwünschte Pulsfrequenz 126–153.

Achtung: Diese Zahlen sind nur Richtwerte. Die Intensität des Trainings ist von der körperlichen Verfassung des einzelnen abhängig. Ungeübte und Anfänger sollten während der ersten vier Wochen den Puls nicht über 150 ansteigen lassen. Bei Geübten und Trainierten führt eine Frequenz von 180–190 Schlägen pro Minute über einen Zeitraum von mindestens 10 Minuten zu den gewünschten Trainingseffekten.

Gymnastik
- Wirkungsgymnastik
  - Ausdauer
  - Gelenkigkeit (Flexibilität)
  - Koordination
  - Kraft
  - Schnelligkeit
  - Haltungs- und Atemschulung
  - Aerobic-Gymnastik, ein Intensiv-Programm
- Allgemeine Gymnastik
- Rhythmische Gymnastik
- Jazz-Gymnastik

10

Wer kann Aerobic-Gymnastik mitmachen?

Grundsätzlich können alle, die gesund sind, unbedenklich (jedoch ohne falschen Ehrgeiz) Aerobic-Gymnastik betreiben. Haben Sie Zweifel oder leben Sie seit längerer Zeit (z. B. seit 3 Jahren) bewegungsarm, so fragen Sie Ihren Arzt, vor allem, wenn Sie über 40 Jahre alt sind. Versuchen Sie nicht, jahrelang Versäumtes mit einem Mal schnell nachzuholen.

Aerobic-Gymnastik ist das richtige Angebot für die ganze Familie. Man kann sie alleine betreiben oder – was bestimmt mehr Spaß macht – im Verein oder in der Gemeinschaft einer Gruppe.

Wie mache ich Aerobic-Gymnastik richtig?

Die meisten Teilnehmer an einer Übungsstunde im Verein sind nicht oder nur wenig trainiert. Deswegen empfiehlt der Deutsche Turner-Bund allen Übungsleitern, sich an das Grundschema der drei Belastungsstufen und den darin enthaltenen drei Phasen zu halten (siehe Stufenplan). Erleichterungen und Kurzprogramme für völlig Ungeübte und Anfänger sind selbstverständlich möglich. Die Teilnehmer sollen und wollen gefordert, aber nicht überfordert werden! Nach der Übungsstunde soll man sich »wohlig müde«, nicht jedoch »erschöpft« fühlen.
Oberster Grundsatz: Vom Leichten zum Schweren, richtige Dosierung und Kontrolle der Pulsfrequenz. Vor jedem Training wird der Ausgangspuls gemessen. Unabhängig von der Dauer des Programms beginnt man mit einer Erwärmungsphase, in der die Grundformen der Gymnastik

- Gehen
- Laufen
- Springen
- Federn und
- Hüpfen

Stufenplan Aerobic-Gymnastik

	Phase 1	Phase 2	Phase 3
Zielgruppe, Stufe, Phase	Aufwärmphase (Erwärmen – Ausdauer)	Belastungsphase (Ausdauer, Beweglichmachung, Kräftigung)	Ausklangsphase (Lockern/Entspannen)
Belastungsstufe 1 (Ungeübte)	einfache Bewegungen z. B. Gehen bis Laufen	1/3 Belastung einfache Übungen 2/3 Lockerung	gleichartige Übungen mit vielen Variationsmöglichkeiten
Belastungsstufe 2 (Geübte)	stärkere Bewegungen z. B. Laufen bis Hüpfen	1/2 Belastung erschwerte Übungen 1/2 Lockerung	
Belastungsstufe 3 (Trainierte)	intensive Bewegungen z. B. Laufen, Hüpfen, Springen	2/3 Belastung schwierige Übungen 1/3 Lockerung	
zeitliche Gliederung	20% = 10 Minuten	70% = 30 Minuten	10% = 5 Minuten

je nach Belastungsstufe enthalten sind – nach den Prinzipien von »Trimming 130«. Zur Kontrolle der Belastbarkeit eines jeden Teilnehmers wird danach der Puls erneut gemessen.
Es folgt die Belastungsphase mit Dehn- und Kräftigungsübungen, Haltungs- und Koordinationsschulung, Beweglichmachung und selbstverständlich Ausdauerschulung. Abschließend folgt die Ausklangsphase mit Lockerungs- und Entspannungsübungen. Hierbei sollte besonderer Wert auf die Atemschulung gelegt werden.
Nach Abschluß des Trainings wird noch einmal der Puls gemessen. Er sollte wieder auf den Ausgangspuls abgesunken sein.
Fast jeder Mensch hat durch tägliche Belastung eine verhärtete und verkrampfte Muskulatur. Sie wird durch ein alleiniges Kraft-Ausdauertraining nicht gelockert, sondern kann sich weiter verhärten und sogar zu einer schmerzhaften Behinderung des Bewegungsapparates führen.
Deshalb ist es unerläßlich, im Laufe des Aerobic-Gymnastik-Trainings ausreichende und wiederholte Phasen der Lockerung und Entspannung einzuschalten.
Dehnübungen sollten nur bei erwärmter Muskulatur ausgeführt werden. Die Muskulatur soll geschmeidig gemacht und damit zur Kräftigung vorbereitet werden.
Jede Dehnarbeit wird mindestens 10 Sek. beibehalten. Man dehnt sich bis zu dem Punkt, an dem ein leichter Zug entsteht. Während man sich in der Dehnstellung befindet, soll das Spannungsgefühl nachlassen. Ist dies nicht der Fall, muß nach eigenem Ermessen etwas nachgegeben werden. Nach einer Lockerung wird die Übung wiederholt und erweitert. Auch hier nochmals 10–20 Sek. halten und gleichmäßig weiteratmen.

Hinweise für den Übungsleiter

In jedem Programm werden alle Muskelgruppen angesprochen.
Eine Richtschnur könnte sein: von oben beginnend

- Schulter und Nacken
- Arme
- Rücken
- Bauch
- Hüfte und Becken
- Gesäß und Beine.

Der Übungsleiter sollte kein feststehendes Programm auswendig lernen und ständig wiederholen. Dies wäre erstens auf die Dauer langweilig und würde zweitens die Leistungssteigerung kaum fördern.
Wichtigste Aufgabe eines jeden Übungsleiters ist es, seine Trainingsprogramme auf die jeweilige Gruppe abzustimmen. Es empfiehlt sich eine Unterteilung z. B. in

- Leistungsgruppen
- Altersgruppen
- Gemischte Gruppen (Männer/Frauen, Jungen/Mädchen oder Familien)
- Frauengruppen
- Männergruppen.

Möglich ist auch eine Unterteilung innerhalb einer Gruppe durch erleichterte und erschwerte Übungen, durch Üben nach vorgegebenem und doppeltem Tempo der Musik.
Bei Ermüdung sollte der einzelne Teilnehmer Lockerungs- und Entspannungsübungen einlegen. Auf keinen Fall tapfer durchhalten!
Die Gruppen sollten nach Möglichkeit 20–30 Teilnehmer nicht überschreiten, um dem Übungsleiter die Möglichkeit der Beobachtung und Korrektur zu geben. Hinweise an die Gruppe sind immer wieder notwendig.
Der Übungsleiter sollte das Training auch selbst mitmachen. Einmal kommt der Sozialisierungsfaktor besonders zum Tragen und zum anderen hat der Übungsleiter selbst eine bessere Kontrolle darüber, daß er die Gruppe nicht überfordert.
Der Übungsleiter sollte auch seine Gruppe motivieren und die Freude, die er bei dem Training empfindet, übertragen.
Sein Ziel muß es sein, die Teilnehmer davon zu überzeugen, daß lebenslang Sport betreiben eine Steigerung der Lebensqualität bedeutet.
Um die Teilnehmer beobachten und korrigieren zu können, muß der Übungsleiter mit der Front zur Gruppe arbeiten. Vorteilhaft ist es, wenn er die Übungen gegengleich mitmacht; das erleichtert den Teilnehmern, die Übungen nachzuvollziehen.
Er sollte nicht zu viele Übungen in das Programm aufnehmen, da erst oftmaliges Wiederholen eine Wirkung erzielt. Beim Wiederholen der Übungen ist ein Zählen unnötig, da die Musik einen Wechsel vorgibt. Damit erfolgt unbewußt gleichzeitig eine Rhythmusschulung.
Die Teilnehmer lernen, den vorgegebenen Rhythmus und das Tempo in Bewegung umzusetzen ohne zu zählen und bestimmte Abschnitte aus der Musik herauszuhören.

11

Die Musik übt eine wesentliche Unterstützung aus. Sie muß jeweils auf die Übung abgestimmt sein und die einzelnen Phasen deutlich machen. Zur Steigerung der Ausdauer und zur Intensivierung der Kräftigungsübungen kann später das Üben mit doppelt so schnellem Tempo wie es die Musik vorgibt erfolgen. Zur Verdeutlichung siehe die grafische Darstellung.

Richtig ist:

- Langsam und vorsichtig beginnen, dann allmählich steigern.
- In jedem Fall erst die einzelnen Übungen für die drei Phasen erlernen, um daraus ein Kurzprogramm von 15–20 Minuten zu erstellen.
- Übungen dazulernen (richtig ausführen, damit die erwünschte Wirkung erzielt wird) und nach und nach das Programm erweitern und verlängern.
- Mit leichten Übungen beginnen, die auch viele Variationsmöglichkeiten bieten. Dann wird das Programm interessant und macht immer wieder und mehr Spaß.
- Die Gruppe beobachten und je nach Bewegungsvermögen und Belastbarkeit die Übungen erschweren. Variationen und Koordinationsaufgaben einbauen.

Nur **regelmäßiges** Trainieren bringt Ihnen den erwünschten Trainingseffekt. Überanstrengungen sollten Sie vermeiden! Dabei hilft die Pulskontrolle, bis jeder Teilnehmer seinen Körper und seine Reaktionen kennt.

Wenn das Training eine Steigerung der Ausdauer gewährleisten soll, so muß Ihre Pulsfrequenz einen Wert von mindestens 180 minus Lebensalter erreichen.

Wichtig sind gut sitzende, bequeme Turnschuhe mit weicher, federnder Sohle und eingearbeitetem Fußbett. Die Kleidung sollte schweißaufsaugend und luftdurchlässig sein.

Für die Bodenübungen kann jeder Teilnehmer eine Unterlage mitbrin-

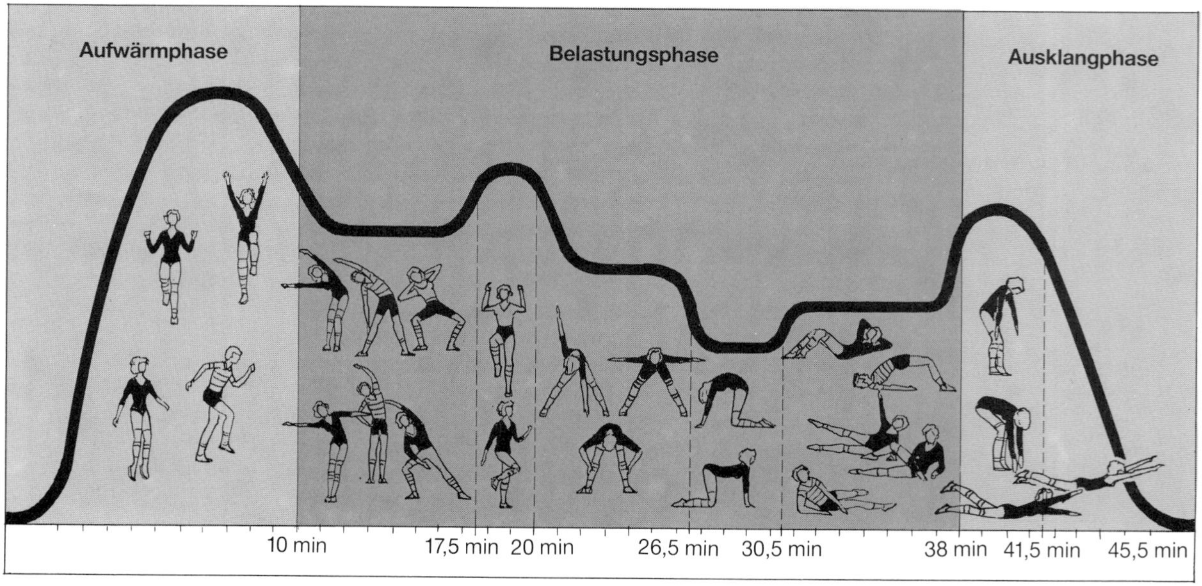

gen, falls keine Bodenturnflächen vorhanden sind. Nutzen Sie geeignete Räume, z. B. Turn- und Sporthallen, Gymnastik-und Tanzräume, Konferenzräume, Jugend- und Gemeindezentren oder Klassenräume; bei gutem Wetter gehen Sie nach Möglichkeit ins Freie! Sorgen Sie immer für genug frische Luft!
Um den erforderlichen verstärkten Sauerstoffaustausch zu gewährleisten, müssen die Raumgröße und die Lüftungsmöglichkeit in einem vernünftigen Verhältnis zu der Gruppengröße stehen.
Aerobic-Gymnastik sollten Sie auch an den Vormittagsstunden anbieten.
Führen Sie Kurse für Mitglieder und Nichtmitglieder zu sozialen Preisen ein, um den Einstieg in den Sport zu erleichtern.

Wie wirkt Aerobic-Gymnastik?

Vernünftig und regelmäßig Aerobic-Gymnastik betreiben hält gesund und fit.
Unbestritten ist der Wert der Gymnastik beim gezielten Training des gesamten Bewegungsapparates zur Bekämpfung von Fettpölsterchen, Haltungsschäden und schlaffer Muskulatur.

- Aerobic-Gymnastik erhält und verbessert die Gesundheit.
- Regelmäßig betrieben steigert sie die allgemeine Leistungsfähigkeit und Fitness.
- Aerobic-Gymnastik kräftigt die Muskulatur und strafft die Figur.
- Haltung und Beweglichkeit werden verbessert.
- Aerobic-Gymnastik baut den Streß des Alltags ab. Erholsamer Schlaf, Wohlbefinden und Ausgeglichenheit stellen sich ein.
- Aerobic-Gymnastik macht viel Spaß! Man lernt nette Leute kennen, die das gleiche Ziel haben: »Mit Freude an der Bewegung – gesünder leben«.

Aerobic-Gymnastik – Fitnesstest für alle

Unter dem Namen **»Trimm-Spiele«** faßt der Deutsche Sportbund seit 1971 alle von seinen Mitgliedsorganisationen angebotenen Volkswettbewerbe zusammen. Die Zahl der jährlich durchgeführten Veranstaltungen (z. B. Volksläufe) liegt bei 5000. Die Teilnahme an diesen Wettbewerben steht jedermann offen, die Mitgliedschaft in einem Verein ist nicht erforderlich!
Hat der Teilnehmer die geforderte Mindestleistung erreicht, erhält er als Anerkennung eine Medaille oder eine ähnliche Auszeichnung.
Der Deutsche Turner-Bund hat in Absprache mit dem Deutschen Sportbund Aerobic-Gymnastik neu in die »Trimm-Spiele« eingebracht und zwar als **Fitnesstest** für alle.
Werbe- und Organisationsmaterialien werden weitgehend kostenlos zur Verfügung gestellt.
Der **Aerobic-Gymnastik-Volkswettbewerb** könnte für viele Menschen der Einstieg zur regelmäßigen Teilnahme an Übungsstunden sein. Darüber hinaus bieten sich solche volkstümlichen Veranstaltungen auch als Abschluß eines Aerobic-Kurses, als Beendigung der Freiluft- oder Hallensaison oder einfach als Sonderveranstaltung, eben als Volkswettbewerb für die ganze Familie an.

Fitnesstest

Zum Fitnesstest gehören erstens die Teilnahme an einem 30minütigen Aerobic-Gymnastik-Programm und zweitens der Nachweis richtig ausgeführter Testübungen.

1. **Aerobic-Gymnastik-Programm,** 30 Minuten
   - 10 Minuten Aufwärmphase
   - 15 Minuten Belastungsphase
   - 5 Minuten Ausklangphase
2. **Testübungen** (im 30-Minuten-Programm enthalten)
   - **Springen**
     Springen in die Grätsche, dabei Handklatschen über dem Kopf, Schlußsprung, dabei gegen die Oberschenkel klatschen (Hampelmann 12/1 + 2).
     Ausführung: 8 ×

12

1

2

13

1

2

15

14

1

2

3

- **Dehnen**
  Rechten Arm über dem Kopf, die linke Hand stützt in der Hüfte ab, federn, zur anderen Seite wechseln.
  Ausführung: links und rechts je 8 × (13)
- **Kräftigung 1**
  Grätschstellung, Arme in der Seithalte: Oberkörper mit geradem Rücken vorbeugen und weich federn, Oberkörper fallen lassen und langsam aufrollen.
  Ausführung: 8 × (14/1–3)
- **Kräftigung 2**
  Frauen: Bankstellung, Arme beugen und Oberkörper senken, Rücken bleibt gerade. (15/1 + 2)
  Männer: Liegestütz, Arme beugen, Oberkörper mit geradem Rücken senken, kurz über dem Boden halten und die Arme wieder strecken. (16/1 + 2)
  Ausführung: 4 ×

Anmerkung:
Übungsanleitung nach dem Fachbuch des Deutschen Turner-Bundes »Aerobic-Gymnastik für die Praxis«.

Leistungsanforderung:
Für die erfolgreiche Teilnahme wird die Medaille der Trimm-Spiele verliehen. Die Bedingungen gelten als erfüllt, wenn das 30minütige Aerobic-Gymnastik-Programm absolviert und dabei die Testübungen richtig ausgeführt wurden.

Organisation:
Der/die Übungsleiter des Aerobic-Gymnastik-Programms nehmen die Bewertung über die Erfüllungen der Leistungsanforderung selbst vor. Gegebenenfalls können – bei größeren Gruppen – die Teilnehmer sich auch gegenseitig selbst beobachten (Eigenkontrolle).

16

1

2

Allgemeine Gymnastik

Die allgemeine Gymnastik umfaßt ein großes Gebiet. Es läßt sich nach der Aufgabenstellung in folgende Arbeitsbereiche aufgliedern:

- Grundschulung der Bewegung
- Haltungsschulung
- Bewegungsentwicklung
- Einbeziehung der Handgeräte.

Die folgenden Ausführungen können bei der Vielzahl der möglichen Übungen keinen Anspruch auf Vollständigkeit erheben. Im übrigen wurde die Übungsauswahl auf den letzten oben aufgeführten Arbeitsbereich „Einbeziehung der Handgeräte" beschränkt. Es werden die Handgeräte Ball, Seil, Reifen, Keule und Band vorgestellt.

Ball

Bei allen Übungen mit dem Ball ist darauf zu achten, daß er nicht mit greifenden Fingern gehalten wird. Es ist zweckmäßig, beim Werfen, Fangen und Prellen die Form der Handfläche der Form des Balles anzupassen. Der Ball wird geworfen und gefangen, gerollt und geprellt, am Ort oder in der Fortbewegung.

1. Hochwürfe aus der Vor- und Seittiefhalte ein- und beidhändig
- fangen mit der Handfläche
- fangen mit dem Handrücken
- nach dem Fangen sofortiges Hochwerfen. (17)

2. Hochwürfe aus der Vor-, Seit- und Rückhalte einhändig
- fangen-nachfedern
- fangen-Rückschwung an der rechten oder linken Körperseite.

17

3. Hochwürfe aus dem Vorschwung
- fangen-Rückschwung
- alle Formen mit 1/4- und 1/2-Drehung
- alle Formen im Vorwärtsgehen, Vorwärtslaufen, Vorwärtshüpfen, Vorwärtsfedern.

4. Bogenwürfe über dem Kopf
- aus der Seithalte
- aus der Vor- in die Rückhalte und umgekehrt
- aus dem Federn
- aus dem Schwung.

5. Rollen
- von rechts nach links (Gewichtsverlagerung)

18

- von rechts nach links oder gegengleich mit einer Schrittfolge
- vor- oder rückwärts mit Schrittfolge in Verbindung mit 1/4- oder 1/2-Drehung. (18)

6. Prellen in senkrechter und schräger Richtung
- vor dem Körper, beid- und einhändig
- rechts oder links vor dem Körper, beid- und einhändig
- hinter dem Körper, einhändig – auch im Wechsel (Rumpfdrehung) um den Körper
- schräges Prellen vor dem Körper von der rechten in die linke Hand.

Seil

Mit dem Seil kann man springen, federn, laufen und hüpfen; es eignet sich zum Schwingen, Werfen, Fangen und Führen. Gefaßt wird das Seil an den Enden mit den Fingern. Die Hände nicht mit dem Seil umwickeln. Beim Schwingen des Seils soll die Führung so sein, daß ein gleichmäßiger und straffer Bogen (Seilschlinge) entsteht. Bei Übungen mit großem Schlagumfang wird der Oberarm mit eingesetzt, bei Übungen mit geringem Schlagumfang werden nur Unterarm und Handeinsatz bewegt.

1. Laufen
- vorwärts laufen – vorwärts schlagen
- vorwärts laufen – rückwärts schlagen
- rückwärts laufen – rückwärts schlagen
- rückwärts laufen – vorwärts schlagen
- möglichst viele Laufschritte zwischen jedem Seildurchschlag

- vom 5er-, 4er-, 3er-Ablauf je Seildurchschlag zu kurzen schnellen Seildurchschlägen, auf jeden Laufschritt einen Seildurchschlag.

2. Federn, auf beiden Füßen, rechts oder links
- 1 Seildurchschlag, Doppelfederung vorwärts und rückwärts

19

20

21

- 1 Seildurchschlag, einfaches Federn vorwärts und rückwärts (Federn in der Grundstellung mit geschlossenen Beinen)
- 1 Seildurchschlag in der Vorwärtsbewegung einbeinig, 1 x Doppelfedern (re, li, re, li)
- Bewegungsverbindungen.

3. Hüpfen
- vorwärts hüpfen – vorwärts schlagen (19)
- vorwärts hüpfen – rückwärts schlagen
- rückwärts hüpfen – vorwärts schlagen
- rückwärts hüpfen – rückwärts schlagen
- Seitgalopp mit vorwärts und rückwärts schlagen.

4. Schwünge (Pendeln) mit geschlossener Seilschlinge ein- oder beidhändig, mit geöffneter Seilschlinge zweihändig
- Schwünge vor dem Körper, neben dem Körper, hinter dem Körper (20).

5. Kreisschwünge mit geschlossener und geöffneter Seilschlinge ein- und beidhändig
- Kreisschwung vor dem Körper, neben dem Körper, hinter dem Körper, über dem Kopf.

6. Bewegungsverbindungen
- Pendel- und Kreisschwünge auch in der Seit- und Vorwärtsbewegung und Drehungen.

7. Seil führen, winden und schlingen
- mit doppelt-, dreifach- und vierfach gefaltetem Seil in der Einzel-, Partner- und Gruppenarbeit (21).

Reifen

Die Form und Größe des Reifens gibt die Möglichkeit, mit diesem Gerät vielfältige Übungsformen auszuführen. Die attraktive Art des Reifens verleitet oft zu Bewegungen, die technisch unzweckmäßig und wenig sinnvoll sind. Beim Schwingen vor und neben dem Körper wird im Tiefschwung der Arm leicht gebeugt, man verhindert dadurch ein Aufschlagen des Reifens. Die Techniken mit dem Reifen sind Schwingen, Rollen, Werfen und Fangen.

1. Schwingen in der Schluß- und Grätschstellung
- Schwünge nach links und rechts (vor dem Körper einhändig 22)
- wie vorne, aber beidhändig
- wie vorne, Handwechsel in der Hochhalte (über dem Kopf)
- Schwünge rechts – links, Handrücken nach vorne, vom einfachen Schwung weiterführen in einen Kreisschwung, Übergabe mit einem Kreuzgriff in der Hochhalte oder vor dem Körper (mit Tiefschwung beginnen)
- wie vorne aber neben dem Körper (Handrücken zum Körper, Handrücken zur Seite).

22

23

2. Kreisschwünge in der Waagerechten
- vor dem Körper – über dem Kopf
- Reifen in der Seithalte (Handrükken nach unten), spiralförmiges Eindrehen des Reifens vor dem Körper
- weiterführende Bewegung über den Kopf in die Seit- und Rückbewegung (23) (Flankendehnung und Spannbeuge)
- wie vorne in Verbindung mit Schrittfolgen sowie $^1/_2$- und $^1/_1$-Drehung.

3. Rollen und Zwirbeln in Verbindung mit Schrittvariationen
- vorwärts, rückwärts, seitlich
- einzeln mit der Partnerin oder in der Gruppe (24).

24

4. Werfen und Fangen (senkrecht oder waagrecht gehaltener Reifen, ein- und beidhändig gehalten)
- aus dem Vorschwung werfen und fangen (25/1 + 2)
- aus dem Hüftschwung werfen und fangen
- aus dem Seitschwung werfen und fangen
- über dem Kopf werfen und fangen
- werfen zu einer Partnerin mit einem oder beiden Reifen.

25

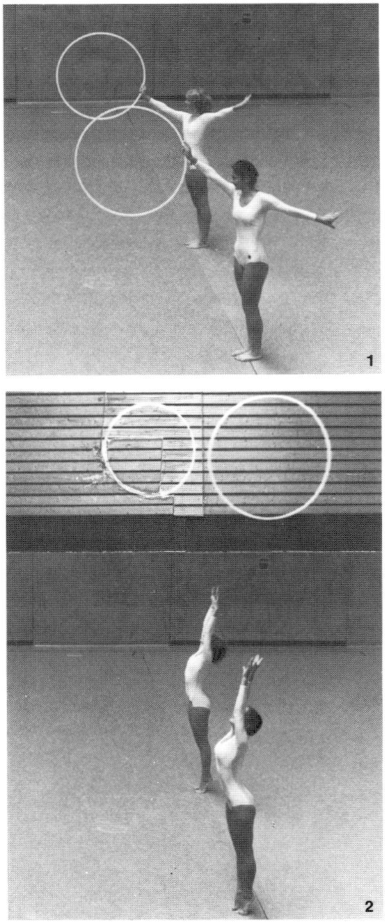

Keule

Bei der Arbeit mit der Keule sollten Schwungübungen an erster Stelle stehen. Sie ist auch zum Werfen, Fangen und für akustische Schlageinsätze verwendbar. Beim Schwingen liegt der Keulenkopf in der Handfläche, der Zeigefinger am Keulenhals. Die restlichen Finger umschließen den Keulenkopf. Es ist auch möglich, die Keule am Keulenbauch zu fassen. Beim Schwingen ist Bewegungsweite anzustreben, mit möglichst großem Körpereinsatz. So oft wie möglich auch mit der linken Hand arbeiten.

1. Schwünge vor dem Körper
- Pendelschwung von rechts nach links, Übergabe in der Tief- oder Hochhalte
- Pendelschwung mit gleichzeitiger $^1/_2$-Drehung in die Bewegungsrichtung
- Pendelschwung wie vorne und gleichzeitige Schrittfolge
- Kreisschwünge, Übergabe in der Hochhalte (nach $^3/_4$-Kreis)
- Kreisschwünge, Übergabe in der Tiefhalte (nach $^1/_4$-Kreis)

2. Diagonalschwünge (erfordern zum Rumpfbeugen eine Rumpfdrehung)
- aus der Hoch- und Tiefhalte diagonalen Schwung vor dem Körper
- mit dem Hoch- oder Tiefschwung $^1/_2$-Drehung zur Schwungseite
- wie vorne, anschließend fortlaufende Kreisschwünge neben dem Körper
- Achterschwünge – Einsatz in die Diagonale – vorwärts oder rückwärts
- alle Schwünge in Verbindung mit Schrittfolgen und Drehungen.

26

3. **Werfen und Fangen**
- in der Einzel-, Partner- und Gruppenarbeit (26).

4. **Schlagen der Keule**
- auf den Boden (27)
- gegen die Keule der Partnerin
- Wechsel von Boden zu Keule der Partnerin (27)
- Keulenhals gegen Keulenhals, Keulenbauch gegen Keulenbauch.

27

28

Band

Die Arbeit mit dem Band stellt große Anforderungen an die Koordination, Geschicklichkeit, Ausdauer und Geduld. Grundübungen für die Arbeit mit dem Band sind Schlangen, Spiralen, Kreise, Schwünge, Werfen und Fangen. Schlaufenbildungen, Verknoten oder Knallen sind Fehler, die bei schlechter Bandzeichnung, schlechter Bandführung oder falschem Halten des Stabes auftreten. Die Bandzeichnung muß bis zum Bandende gut erkennbar sein. Das Band sollte während der Übung nicht »stilliegen«.

Bewegungen aus dem Handgelenk:

1. **Schlangen**
- senkrecht stehend (28)
- waagrecht liegend

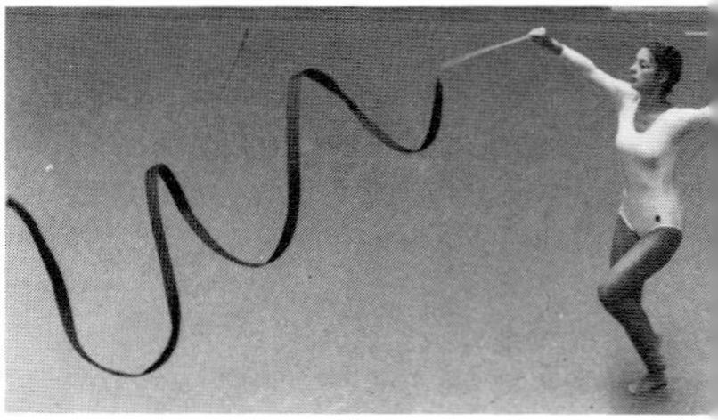

29

- auf dem Boden, in der Luft
- alle Bewegungsrichtungen, auch Drehungen an Ort.

2. **Spiralen**
- nach rechts und links beginnend
- am Boden, in der Luft
- rechts und links Kringel (Achterkringel)
- mit Drehungen an Ort oder in der Fortbewegung (29).

Bewegungen aus dem ganzen Arm:

3. **Schwünge und Kreisschwünge**
- vorwärts und rückwärts, nach außen und nach innen
- vor dem Körper, neben dem Körper, über dem Kopf
- in verschiedenen Größen
- Kreise an der rechten und linken Körperseite im Wechsel (Achterschwünge) (30).

30

4. Werfen und Fangen (der Wurf erfolgt aus dem Oberarm, das freie Stabende geht voraus)
- Abwurf aus Kreisen
- Abwurf aus Kreisen zur Partnerin
- Abwurf nach hinten aus Rückwärtskreisen
- Abwurf aus dem Achterschwung rückwärts zur Partnerin.

Wettbewerbe und Abzeichen

Der Schwerpunkt des Angebots im Frauenturnen liegt im Spiel- und Übungsbetrieb des Vereins. Darüberhinaus bestehen die Möglichkeiten zum Leistungsvergleich, zu den Wettbewerben und Wettkämpfen.
Die Verbesserung der persönlichen Leistungsfähigkeit ist ein Grundprinzip des Turnens.

Wahlwettkampf

Ein auf die Feststellung der persönlichen Leistungsfähigkeit abgestellter Wettkampf ist der Wahlwettkampf unter Einbeziehung der Gymnastik. Dieser Wahlwettkampf ist nach folgenden Grundsätzen konzipiert: Der Wahlwettkampf ist ein Mehrkampf der Vielseitigkeit, wählbar sind Übungen der Gymnastik und des Geräteturnens – Wahlmöglichkeiten verschiedener Schwierigkeitsgrade – Disziplinen der Leichtathletik und des Schwimmens.
Die Übungen in der Gymnastik und im Geräteturnen sind nicht als Aufbau zum Spitzensport gedacht, sie sind ein Angebot für »Normalverbraucher«. Einzelheiten zum Wahlwettkampf und zu weiteren Wettkämpfen sind dem Aufgabenbuch des Deutschen Turner-Bundes zu entnehmen.
Gleiche Übungen der Gymnastik sind im Wettbewerb Geräteturnen und Gymnastik im Verein enthalten.

Die folgenden Ausführungen zum Wahlwettkampf geben einen Überblick über das Wettkampfsystem, die ausgewählten Übungen sind als Beispiele den verschiedenen Schwierigkeitsstufen entnommen. Die kompletten Ausschreibungen sind im Aufgabenbuch des DTB enthalten.

Der Wahlvierkampf

Dieser Wettkampf ist zur Durchführung bei allen Turnfesten (Bergturnfeste, Vereins-, Gau-, Landesturnfeste und Deutsche Turnfeste) geeignet, ebenso eignet er sich für alle Altersklassen (so auch für Kinderturnfeste und Alterstreffen). Dabei hat jeder Teilnehmer die Möglichkeit, einen Wettkampf aus den angebotenen Disziplinen der Fachgebiete Gymnastik, Geräteturnen, Leichtathletik und Schwimmen entsprechend seiner Neigung und seinem Können selbst zusammenzustellen. Das Angebot umfaßt im Geräteturnen, in der Leichtathletik, im Schwimmen und Gymnastik für Frauen jeweils vier Disziplinen für alle Altersklassen. In der Gymnastik für Männer wird derzeit auf eine Ausschreibung von Übungen verzichtet, da in diesem Bereich neue inhaltliche Überlegungen angestellt werden und entsprechende Übungen noch nicht vorliegen.
In der Gymnastik und Geräteturnen (männlich und weiblich) werden für jede Altersklasse Pflichtübungen verschiedener Schwierigkeitsgrade (-stufen) mit unterschiedlicher Höchstnote zur Wahl gestellt, die bei den Übungsbeschreibungen **für den gesamten Jugendbereich und für Männer 1 und 2 sowie Frauen 1 bis 4 als L-Stufen, für Männer 3 bis 9 sowie Frauen 5 bis 7,** als AT-Stufen bezeichnet werden. Außer den Pflichtübungen können in der Gymnastik und im Geräteturnen bei der weiblichen Jugend B und A und den Frauen 1 sowie bei der männlichen Jugend A und den Männern 1 und 2 Kürübungen gewählt werden. Die Kürübung soll schwieriger sein als die Pflichtübung mit der Schwierigkeitsstufe L2 und einen Teil höchster Schwierigkeit (nach ITB-Wertungsvorschriften) enthalten. Die angebotenen Pflichtübungen werden bis zu einer bei den jeweiligen Übungen angegebenen Höchstpunktzahl bewertet. Diese Höchstpunktzahlen entsprechen den Leistungsansätzen in der Leichtathletik und im Schwimmen. Die Bewertung der Kürübungen erfolgt nach den ITB-Wertungsvorschriften, jedoch wird bei der Auswertung nur bis zur angegebenen Höchstpunktzahl angerechnet. Die Punktzahlen in der Leichtathletik und im Schwimmen wurden so festgelegt, daß nur wenige Wettkämpfer (unter 1%) über die angesetzte Höchstpunktzahl hinauskommen können. Überpunkte werden keinesfalls angerechnet.
Die gleichen Voraussetzungen gelten für Gymnastik und Geräteturnen.

Übungsangebot Gymnastik für Frauen und weibliche Jugend

Die Wahlmöglichkeiten der jeweiligen Altersklassen zwischen einzelnen Geräten und Schwierigkeitsstufen sind aus der tabellarischen Zusammenstellung ersichtlich. Der genaue Text der Übungen einschließlich der typischen Fehler folgt als Beispiele.
Einzelne Übungsteile in der Ausschreibung der Plichtübungen des Wahlwettkampfes sind identisch oder verwandt mit Übungsteilen aus den Bedingungen des Deutschen Gymnastikabzeichens. Dies erleichtert dem Übungsleiter den Ablauf der Turnstunde. Es ist möglich, für verschiedene Ziele gleichzeitig zu üben.

Jahrgangseinteilung und Wettkampfangebot für weibliche Jugendliche und Frauen
(Tabellarische Zusammenstellung)

Jahrgangseinteilung	Tabellarische Zusammenstellung der Wettkampfmöglichkeiten				
	Übungsangebot (wählbare Schwierigkeitsstufen) und erreichbare Höchstpunktzahlen				
Altersklasse	Gymnastik Band, Ball, Seil, Reifen, Keule, ohne Handgerät				
Jugend E		L5=5,0	L6=4,0	L7=3,0	L8=2,0
Jugend D		L4=6,0	L5=5,0	L6=4,0	L7=3,0
Jugend C		L3=7,0	L4=6,0	L5=5,0	L6=4,0
Jugend B	Kür = 9,0	L2=8,0	L3=7,0	L4=6,0	L5=5,0
Jugend A	Kür = 9,0	L2=8,0	L3=7,0	L4=6,0	L5=5,0
Frauen 1	Kür = 9,0	L2=8,0	L3=7,0	L4=6,0	L5=5,0
Frauen 2		L3=7,0	L4=6,0	L5=5,0	L6=4,0
Frauen 3		L3=7,0	L4=6,0	L5=5,0	L6=4,0
Frauen 4		L4=6,0	L5=5,0	L6=4,0	L7=3,0
Frauen 5		AT1=9,0	AT2=8,0	AT3=7,0	AT4=6,0
Frauen 6		AT1=9,0	AT2=8,0	AT3=7,0	AT4=6,0
Frauen 7		AT2=8,0	AT3=7,0	AT4=6,0	AT5=5,0

Beispiel Band

Schwierigkeitsstufe L 5 · Höchstwertung: 5,0 Punkte

Nr. des Übungsteils/ Übungsbeschreibung			Wert i. Pkt.	Inh. Ausf.	Typische Fehler
	Grundstellung, Band in der rechten Hand; Auftakt: Anschwingen des Bandes nach rechts:				
1	1+2	ein Schritt links seitwärts mit einem waagerechten Schwung vor dem Körper nach links, (31/1)	0,2	0,1 0,1	Fehlende Verlagerung Abweichen von der Waagerechten
2	3+4	kleine, senkrecht stehende Schlangen nach rechts mit Gewichtsverlagerung nach rechts,	0,3	0,1 0,2	Unregelmäßige Bandzeichnung Fehlende Verlagerung
3	5+6	ein waagerechter Schwung vor dem Körper nach links mit Gewichtsverlagerung nach links,	0,2	0,1 0,1	Fehlende Verlagerung Abweichen von der Waagerechten
4	7+8	kleine, senkrecht stehende Spiralen nach rechts mit Gewichtsverlagerung nach rechts (31/2)	0,3	0,1 0,2	Unregelmäßige Bandzeichnung Fehlende Verlagerung
5	9+10	zwei Schritte links seitwärts (links, rechts), dabei senkrecht stehende Schlangen rechts neben dem Körper,	0,3	0,1 0,2	Fehlende Koordination von Arm- und Fußbewegungen
6	11+12	ein Schritt links seitwärts mit einem senkrechten Schwung über den Kopf nach links, Band in die linke Hand übergeben, (31/4)	0,2	0,1 0,1	Fehlende Verlagerung Fehlende Flankendehnung Rhythmusunterbrechung bei der Übergabe
7	13+14	gegengleiche Wiederholung von Teil 5 (Zählzeit 9+10), (31/3)	0,3	0,1 0,2	Fehlende Koordination von Arm- und Fußbewegungen
8	15+16	gegengleiche Wiederholung von Teil 6 (Zählzeit 11+12), ¼ Drehung rechts,	0,2	0,1 0,1	Fehlende Verlagerung Fehlende Flankendehnung Rhythmusunterbrechung bei der Übergabe
9	17+18	ein Armkreis rechts vorwärts an der linken Körperseite,	0,1	— 0,1	Kreis nicht senkrecht Fehlendes Nachgeben und Strecken
10	19+20	ein Armkreis rechts vorwärts an der rechten Körperseite,	0,1	— 0,1	Kreis nicht senkrecht Fehlendes Nachgeben und Strecken
11	21+22	ein Schritt rückwärts mit einem Armkreis vorwärts an der linken Körperseite,	0,1	— 0,1	Kreis nicht senkrecht Abweichen von der Richtung beim Gehen
12	23+24	ein Schritt rückwärts mit einem Armkreis vorwärts an der rechten Körperseite,	0,1	— 0,1	Kreis nicht senkrecht Abweichen von der Richtung beim Gehen
13	25+26	ein Schritt rückwärts mit einem Armkreis vorwärts an der linken Körperseite,	0,1	— 0,1	Kreis nicht senkrecht Abweichen von der Richtung beim Gehen
14	27+28	ein Schritt rückwärts mit einem Armkreis vorwärts an der rechten Körperseite, dabei ½ Drehung rechts in die Grundstellung,	0,1	— 0,1	Kreis nicht senkrecht Fehlendes Nachgeben und Strecken Unsicherheit bei der Drehung

Nr. des Übungsteils/ Übungsbeschreibung			Wert i. Pkt.	Inh.	Ausf.	Typische Fehler
15	29–32	zwei Armkreise rückwärts an der rechten Körperseite, beim zweiten Armkreis Band vor dem Körper in die linke Hand übergeben (31/5),	0,3	0,1	0,2	Kreis nicht senkrecht Rhythmusverlust bei der Übergabe
16	33–36	zwei Armkreise rückwärts an der linken Körperseite, beim zweiten Armkreis Band vor dem Körper in die rechte Hand übergeben,	0,3	0,1	0,2	Kreis nicht senkrecht Rhythmusverlust bei der Übergabe
17	37+38	ein Armkreis rückwärts an der rechten Körperseite mit ½ Drehung rechts auf beiden Füßen (31/6),	0,1	—	0,1	Kreis nicht senkrecht Unsicherheit bei der Drehung
18	39+40	waagerechte Schlangen vorn abwärts, dabei rückwärts laufen, ¼ Drehung rechts (31/6),	0,3	0,1	0,2	Unregelmäßige Bandzeichnung
19	41+42	ein Schritt rechts seitwärts, dabei ein Innenarmkreis rechts vor dem Körper,	0,3	0,1	0,2	Mangelnde Seitverlagerung Abweichen des Kreises von der Richtung
20	43+44	ein Innenarmkreis vor dem Körper mit einem kleinen Pferdchensprung mit ½ Drehung rechts,	0,5	0,2	0,3	Abweichen des Kreises von der Richtung Richtungsverlust bei der Drehung Mangelnde Koordination
21	45+46	ein Außenarmkreis vor dem Körper,	0,1	—	0,1	Abweichen des Kreises von der Richtung
22	47+48	ein Außenarmkreis vor dem Körper mit einem kleinen Pferdchensprung mit ½ Drehung links.	0,5	0,2	0,3	Abweichen des Kreises von der Richtung Richtungsverlust bei der Drehung Mangelnde Koordination Schlechter Bewegungsausklang
			5,0	1,6	3,4	(I) (A)

Beispiel Reifen

Schwierigkeitsstufe L 8 · Nächstwertung: 2,0 Punkte

Nr. des Übungsteils/ Übungsbeschreibung			Wert i. Pkt.	Inh.	Ausf.	Typische Fehler
Kleine Schrittstellung, Reifen waagerecht über dem Kopf mit beiden Händen von innen gefaßt: (32/1)						
1	1+2 3+4	Reifen fallen lassen und in der Hockstellung wieder auffangen, ½ Drehung auf beiden Füßen, dabei Reifen in die Hochhalte senkrecht hinter den Kopf bringen (32/2),	0,5	0,2	0,3	Mangelnde Koordination Gebeugter Oberkörper bei der Hockstellung
2	5–8	ein Schritt rechts seitwärts, dabei Reifen nach rechts führen mit Flankendehnung links,	0,3	0,1	0,2	Ungenügende Flankendehnung Gestrecktes Standbein

Nr. des Übungsteils/ Übungsbeschreibung			Wert i. Pkt.	Inh. Ausf.	Typische Fehler
3	9–12	Gewichtsverlagerung nach links, dabei Reifen hinter dem Kopf nach links führen mit Dehnung rechts (32/3+4),	0,3	0,1 0,2	Ungenügende Flankendehnung Gestrecktes Standbein
4	3–15	Gewichtsverlagerung nach rechts, dabei Reifen vor dem Körper nach rechts führen mit Flankendehnung links,	0,3	0,1 0,2	Ungenügende Flankendehnung Gestrecktes Standbein
	16	½ Drehung rechts in die Grundstellung,			Richtungsverlust bei der Drehung
5	7+18	ein Tiefschwung vor dem Körper nach rechts mit senkrecht gehaltenem Reifen,	0,3	0,1 0,2	Fehlender Körpereinsatz Beugen des Oberkörpers nach vorn
	9+20	ein Tiefschwung vor dem Körper nach links mit senkrecht gehaltenem Reifen (32/5),			
6	1–24	Reifen nach rechts wegrollen (32/6), am Reifen vorbeilaufen, ½ Drehung in die Grundstellung und Reifen aufnehmen.	0,3	0,1 0,2	Richtungsverlust beim Rollen Schlechter Bewegungsausklang
			2,0	0,7 1,3	(I) (A)

Beispiel Seil

Schwierigkeitsstufe L 5 · Höchstwertung: 5,0 Punkte

Nr. des Übungsteils/ Übungsbeschreibung.			Wert i.Pkt.	Inh. Ausf.	Typische Fehler
	Grundstellung, beide Seilenden in der rechten Hand:				
1	1+2	Ein Kreisschwung vorwärts an der linken Körperseite,	0,2	0,1 0,1	Fehlendes Nachgeben und Strecken Fehlende Schulterverlagerung
2	3+4	ein Kreisschwung vorwärts an der rechten Körperseite (33/1),	0,2	0,1 0,1	Fehlendes Nachgeben und Strecken Fehlende Schulterverlagerung
3	5	ein schneller Kreisschwung vorwärts an der linken Körperseite,	0,2	0,1 0,1	Fehlendes Nachgeben und Strecken Fehlende Schulterverlagerung Rhythmusfehler
4	6	ein schneller Kreisschwung vorwärts an der rechten Körperseite,	0,2	0,1 0,1	Fehlendes Nachgeben und Strecken Fehlende Schulterverlagerung
5	7+8	ein Kreisschwung vorwärts an der linken Körperseite,	0,2	0,1 0,1	Fehlendes Nachgeben und Strecken Fehlende Schulterverlagerung Rhythmusfehler
6	9+10	ein gestampfter Hüpfer rechts vorwärts mit einem Kreisschwung vorwärts an der rechten Körperseite (33/2),	0,4	0,2 0,2	Mangelnde Dynamik Fehlende Schulterverlagerung
7	11+12	ein gestampfter Hüpfer links vorwärts mit einem Kreisschwung vorwärts an der linken Körperseite, rechten Fuß zur Grundstellung heranstellen,	0,4	0,2 0,2	Mangelnde Dynamik Fehlende Schulterverlagerung

Nr. des Übungsteils/ Übungsbeschreibung			Wert i. Pkt.	Inh. Ausf.	Typische Fehler
8	13	ein schneller Kreisschwung vorwärts an der rechten Körperseite,	0,2	0,1 0,1	Fehlendes Nachgeben und Strecken Fehlende Schulterverlagerung Rhythmusfehler
9	14	ein schneller Kreisschwung vorwärts an der linken Körperseite,	0,2	0,1 0,1	Fehlendes Nachgeben und Strecken Fehlende Schulterverlagerung
10	15+16	ein Kreisschwung vorwärts an der rechten Körperseite, ein Seilende in die linke Hand übergeben,	0,4	0,2 0,2	Fehlendes Nachgeben und Strecken Fehlende Schulterverlagerung Rhythmusfehler
11	17–20	zwei Doppelfederungen vorwärts mit je einem Seildurchschlag vorwärts (33/3),	0,4	0,2 0,2	Schlechte Fußarbeit Schlechte Seilführung
12	21–24	vier Laufschritte vorwärts mit je einem Seildurchschlag vorwärts (33/4),	0,4	0,2 0,2	Schlechte Fußarbeit Springen statt Laufen
13	25–28	zwei Schlußsprünge mit Nachfedern und je einem Seildurchschlag vorwärts,	0,2	0,1 0,1	Schlechte Fußarbeit Schlechte Seilführung
14	29+30	zwei Schlußsprünge mit je einem Seildurchschlag vorwärts,	0,2	0,1 0,1	Schlechte Fußarbeit Schlechte Seilführung
15	31+32	½ Drehung mit Rücksetzen des rechten Fußes, Seil weiterschwingen,	0,4	0,2 0,2	Ungenauigkeit in der Richtung Schlechter Bewegungsübergang
16	33–36	zwei Schlußsprünge mit Nachfedern und je einem Seildurchschlag rückwärts,	0,4	0,2 0,2	Schlechte Fußarbeit Schlechte Seilführung
17	37+38	ein Kreisschwung rückwärts an der rechten Körperseite mit Abwerfen des Seiles nach vorn,	0,2	0,1 0,1	Fehlendes Nachgeben und Strecken Fehlende Schulterverlagerung Schlechter Seilabwurf
18	39+40	nachlaufen und das Seil mit einer Hand auffangen.	0,2	0,1 0,1	Schlechter Bewegungsausklang
			5,0	2,5 2,5	(I) (A)

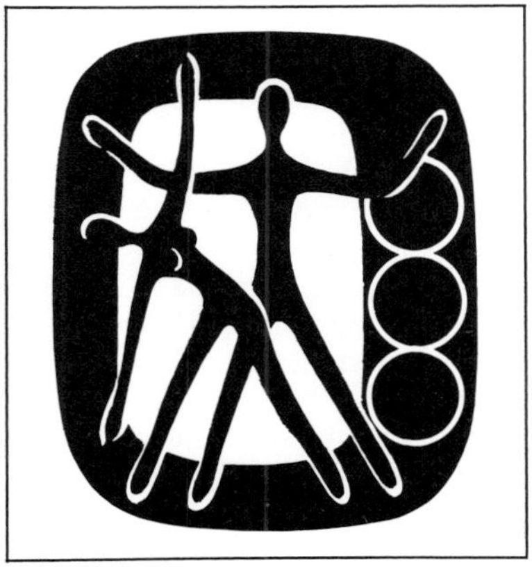

Deutsches Gymnastikabzeichen

Dieser Beitrag wendet sich an alle Übungsleiterinnen im Bereich des Frauenturnens und des Jugendturnens: Begeistert Euch und alle in Euren Turnstunden für das Deutsche Gymnastikabzeichen. Zum vielfältigen Angebot des Deutschen Turner-Bundes im Frauenturnen gehören auch die Abzeichen, insbesondere das Deutsche Gymnastikabzeichen. Während das Deutsche Sportabzeichen als »Vielseitigkeitsabzeichen« Leistungen in verschiedenen Sportarten bzw. Disziplinen verlangt und hierbei Sprungkraft, Schnellkraft, Kraft und Ausdauer erfordert, ist das Deutsche Gymnastikabzeichen eine Auszeichnung für vielseitige Leistungen in der Allgemeinen Gymnastik. Die Konzeption der Übungen berücksichtigt eine umfassende und vielseitige Beweglichkeitsanforderung, die die Schulung der Sprungkraft, das Schwingen, Dehnen und Federn ebenso einbezieht wie die Kräftigung be-

stimmter Muskelgruppen. Wesentliche Elemente der Bedingungen dienen der Haltungsschulung und vor allem der Bewegungskoordination. Erstes Ziel des Deutschen Gymnastikabzeichens ist nicht das „Absolvieren“ der sieben Übungen der 1. Stufe bzw. der fünf Übungen der 2. Stufe – eigentliches Ziel ist die Hinführung zu einer allgemeinen Bewegungsfähigkeit und Erhaltung der Elastizität bis ins hohe Alter. Diesem Ziel entsprechend wurde eine Methodik zu den Übungen der ersten Stufe konzipiert. Abhängig von der Leistungsfähigkeit können die vorgeschlagenen Bewegungsformen verkürzt oder verlängert, erleichtert oder erschwert werden. Die Bewegungsformen in der methodischen Hinführung sollen das Erlernen der Übungen erleichtern, indem sie aufbauend wirken; d. h. jedes Element bereitet gleichzeitig ein weiteres Element vor. Diese Methodik kann auch Vorbereitung für das Erlernen der Pflichtübungen in der Gymnastik für den Wahlwettkampf sein, oder der allgemeinen Grundschulung dienen.
Die eigens für die methodische Hinführung komponierte Musik (7 Schallplatten oder Kassetten) soll den Bewegungablauf rhythmisch unterstützen und die Freude an der Bewegung steigern. Die Übungen des Deutschen Gymnastikabzeichens sind für alle erlernbar, sie bieten in ihren Einzelteilen und in ihrer Gesamtheit Stoff für eine Vielzahl von Übungsstunden. Ein wichtiges Hilfsmittel für den Übungsbetrieb ist die Musik:

- Sie dient zur Motivation und beeinflußt positiv das Rhythmusgefühl der Teilnehmerinnen.

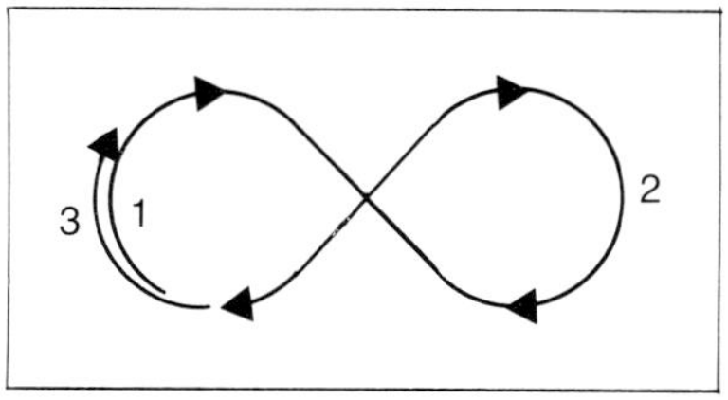

- Das freudbetonte Turnen kommt bei Verwendung von Musik besonders zum Ausdruck.

Die Musik sollte jedoch erst für die Gruppe eingesetzt werden, wenn jede Turnerin den Bewegungsablauf der einzelnen Übungen nach ihrem eigenen Bewegungs- und Atemrhythmus erlernt hat.
Das Deutsche Gymnastikabzeichen wird in zwei Stufen verliehen.

Die Bedingungen der 1. Stufe:

- Gehen und Laufen mit fließenden Übergängen
- Federn und Hüpfen mit dem Ball
- Schwingen mit zwei Keulen
- Körperbildung mit dem Ball
- Gleichgewichts- und Atemübungen mit dem Stab
- Schwingen und Dehnen mit dem Reifen
- Springen in Bewegungsverbindung.

Die Bedingungen sind so konzipiert, daß sie von allen Leistungswilligen erlernbar und von allen Altersklassen durchführbar sind. Wer mehr leisten und seine Fähigkeiten steigern will, für den wurden die Übungen der 2. Stufe ausgeschrieben.

Bedingungen der 2. Stufe:

- Gymnastik ohne Handgerät
- Gymnastik mit dem Reifen
- Gymnastik mit dem Seil
- Gymnastik mit dem Ball
- Gymnastik mit dem Band.

Übungen des Deutschen Gymnastik-Abzeichens der 1. Stufe

Gehen und Laufen mit fließenden Übergängen (Raumweg einer 8)

- Auf der ersten Kurve zügiges Gehen steigern bis zum Laufen
- über die Diagonale schnelles Laufen (34/1 + 2)
- auf der zweiten Kurve auslaufen bis zum Gehen und wieder steigern bis zum Laufen (34/3)
- über die Diagonale schnelles Laufen (34/4)
- auf der dritten Kurve auslaufen bis zum Gehen, das Gehen verlangsamen zum Stand.
  Siehe Grafik links.

Federn und hüpfen mit dem Ball
Schlußstellung, in der Tiefhalte Ball in beiden Händen
Auftakt: Ball mit beiden Händen in die Vorhalte führen

- Ball achtmal prellen mit beiden Händen, beim 2., 4. und 6. Prellen mit Schlußsprung, beim 8. Prellen kräftig und mit einer Hand auffangen (35/1–3)
- viermal prellen mit einer Hand, dabei vier Hüpfer vorwärts (35/4), 4. Hüpfer in die Schlußstellung und Ball mit beiden Händen auffangen (35/5 + 6)
- vier Seitgalopp links, dabei Ball zweimal mit beiden Händen prellen, 4. Seitgalopp mit Gewichtsverlagerung (35/7–8)
- vier Seitgalopp rechts, dabei Ball viermal mit beiden Händen prellen, 4. Seitgalopp in die Schlußstellung, dabei Ball kräftig prellen und mit einer Hand auffangen (35/9 + 10).

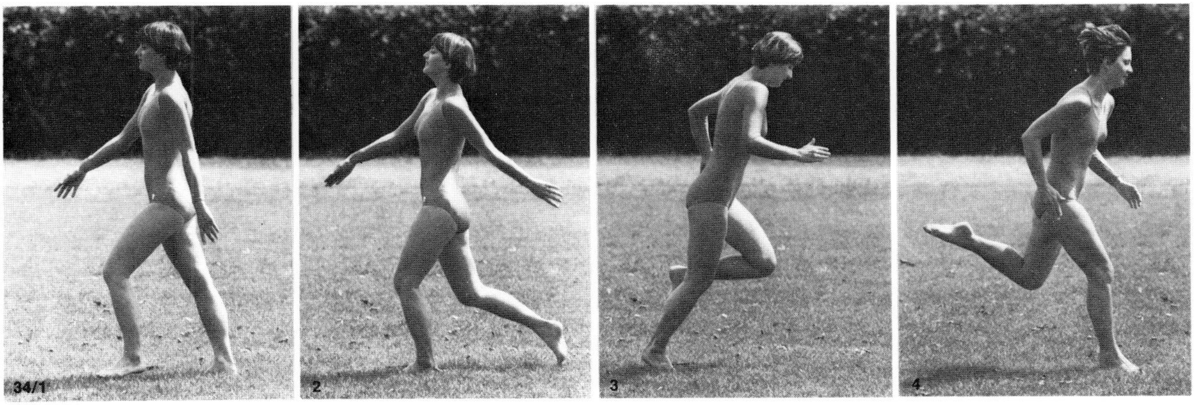
34/1
2
3
4

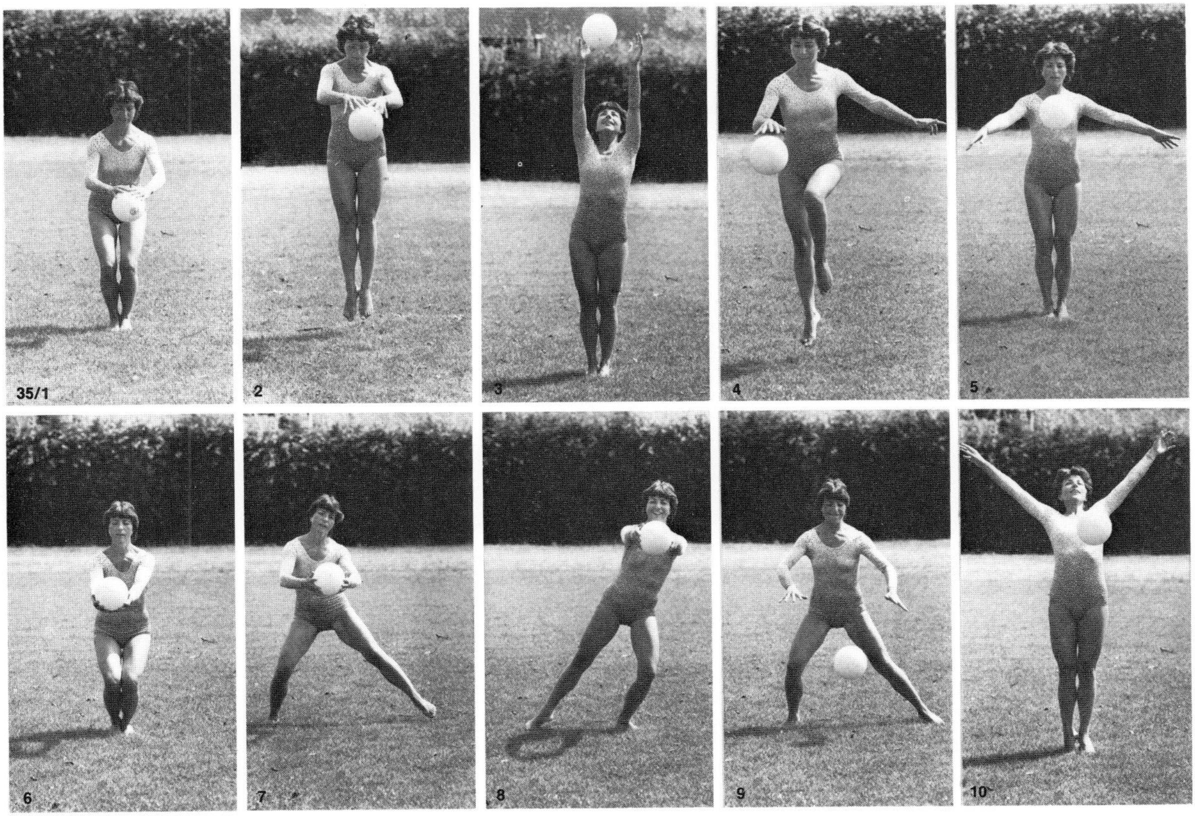
35/1
2
3
4
5
6
7
8
9
10

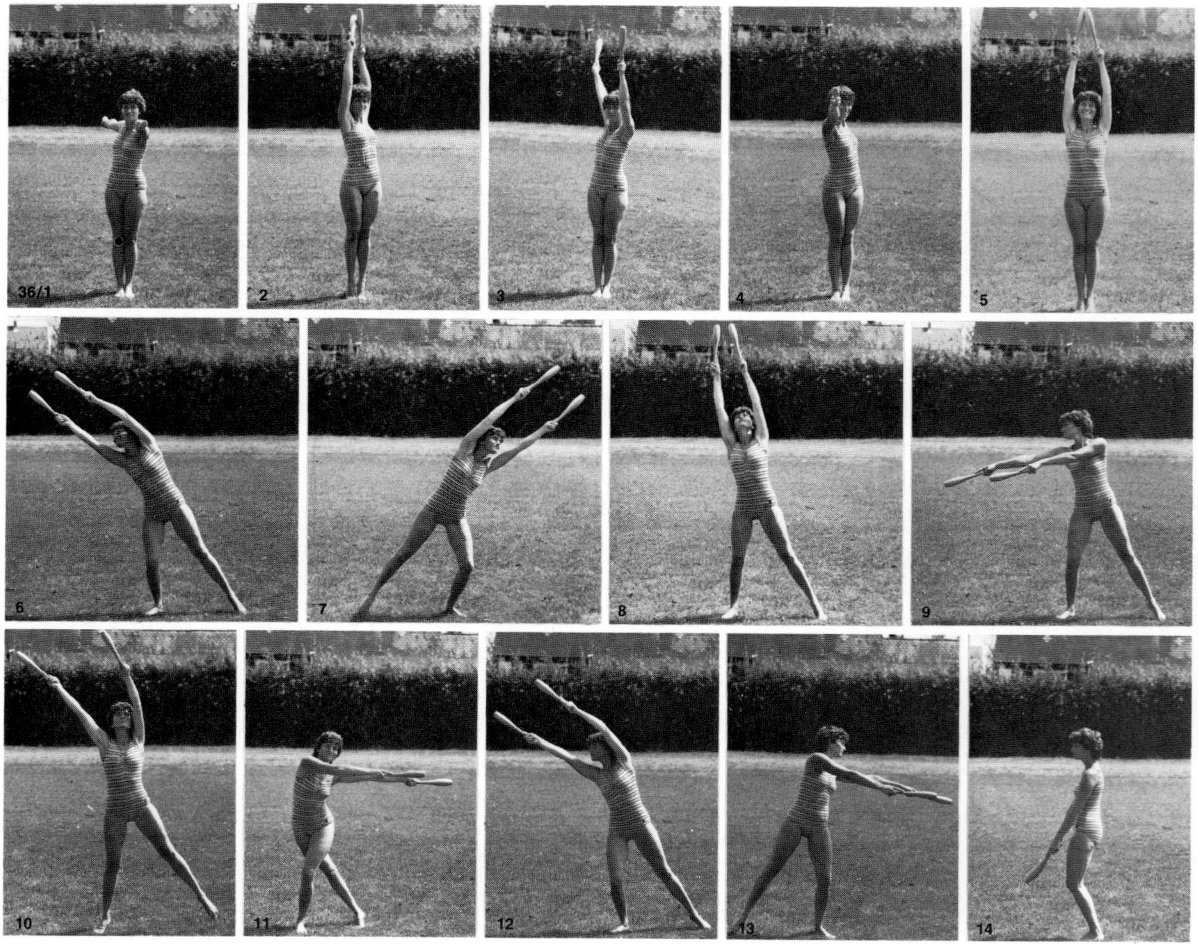

Schwingen mit zwei Keulen
Schlußstellung, Arme in der Tiefhalte neben dem Körper
Auftakt: Anschwingen beider Keulen (links vor, rechts zurück) bis Schulterhöhe (36/1)

- drei Gegenarmschwünge neben dem Körper (steigernd) – ein Schlag mit beiden Keulen in der Hochhalte (36/2)
- ein Gegenarmkreis neben dem Körper bis zur Schulterhöhe (36/3 + 4)
- drei Gegenarmschwünge neben dem Körper (steigernd)
- ein Schlag beider Keulen in der Hochhalte (36/5)
- ein Schritt links seitwärts mit einem Parallelschwung über rechts nach links mit Gewichtsverlagerung links (36/6 + 7)
- 1½ Parallelarmkreise nach links mit Gewichtsverlagerung (36/8 + 9)
- 1½ Parallelarmkreise nach rechts, dabei einen Schritt rechts seitwärts, Kreuzschritt links vor, einen Schritt rechts seitwärts, mit Gewichtsverlagerung rechts (36/10–12)
- wiederholen wie vor gegengleich
- drei Parallelschwünge vor dem Körper (ausschwingen lassen),

(36/13) 3. Schwung mit ½ Drehung rechts in die Schlußstellung, die Schwungbewegung ausklingen lassen.

Körperbildung mit dem Ball
Strecksitz, Ball mit beiden Händen in der Vorhalte (37/1)
Auftakt: Ball mit beiden Händen umschließen (37/2)

- langsam abrollen in die Rückenlage (37/3+4) und entspannen
- langsam aufrichten in den Strecksitz (37/5–7)
- wiederholen wie vor
- Beine anheben und anziehen, Ball mit den Fußinnenkanten halten (37/8)
- viermal Beine im Wechsel zur Seite strecken und anziehen

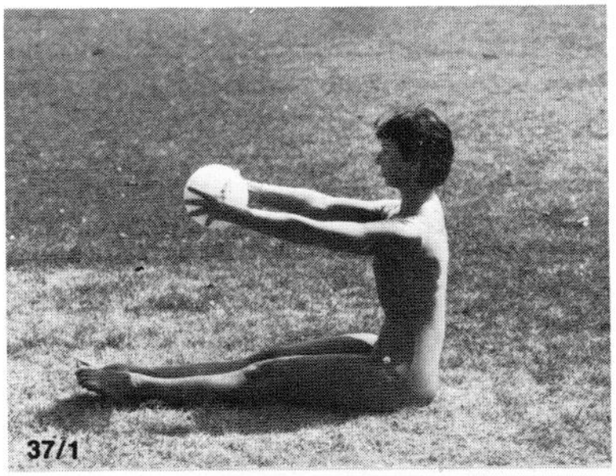

37/1

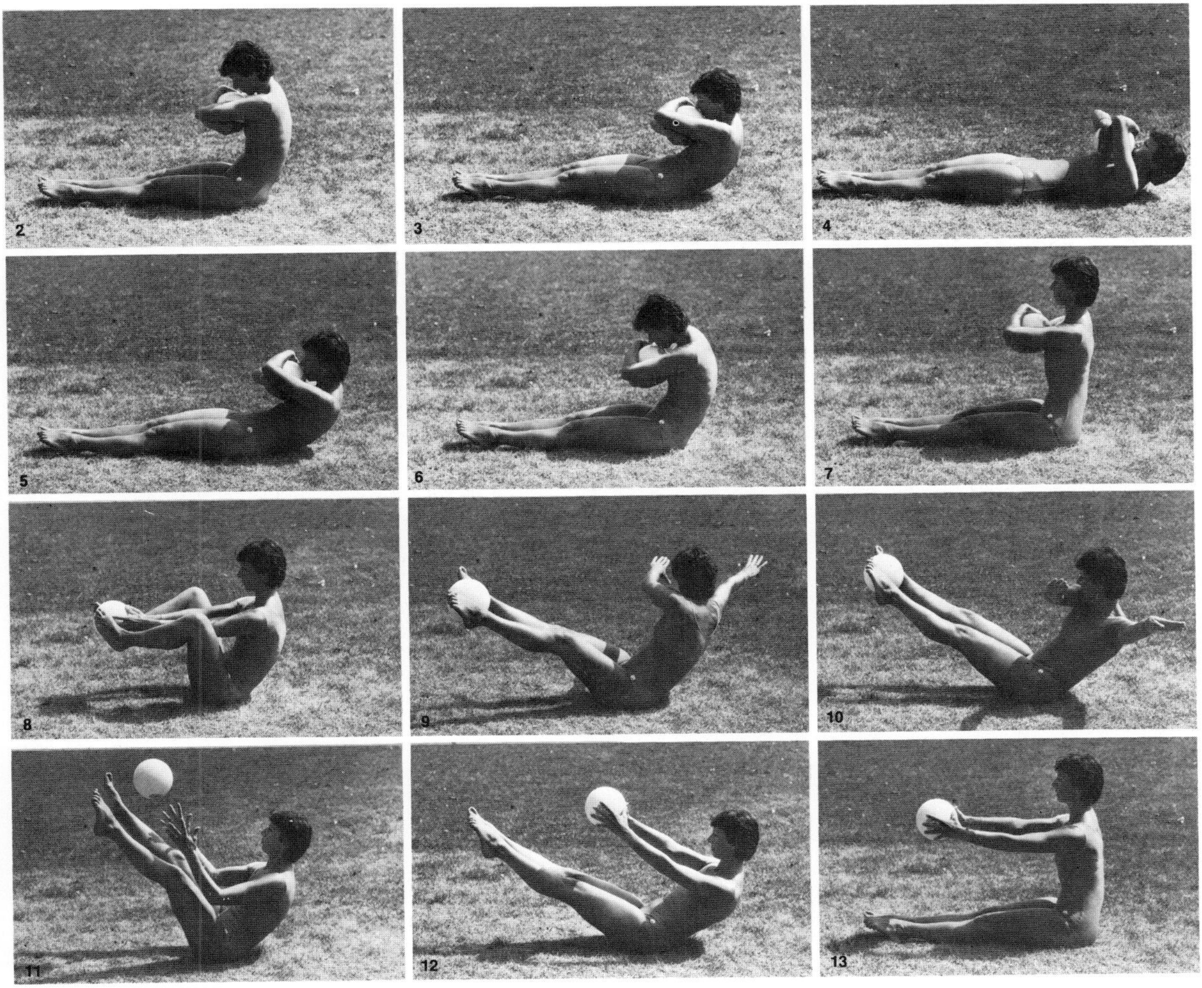

2 3 4 5 6 7 8 9 10 11 12 13

38/1

2

3

4

5

6

7

8

39/1

2

7

8

13

14

19

20

4

5

6

10

11

12

16

17

18

22

23

24

(links, rechts, links, rechts) mit Gegenarmbewegung (37/9+10)
- Ball mit den Füßen hochwerfen und mit beiden Händen auffangen (37/11), Beine strecken und senken (37/12+13).

Atemschulung und Gleichgewichtsübungen mit dem Stab
Schlußstellung, Stab in der Tiefhalte mit beiden Händen schulterbreit gefaßt (38/1)
Auftakt: Stab in die Vorhalte führen (38/2)
- Einatmen, dabei Stab in die Hochhalte führen (38/3)
- ausatmen, dabei Stab hinter den Kopf senken (38/4)
- einatmen, dabei Stab in die Hochhalte führen zum Ballenstand (38/5)
- ausatmen, dabei Knie beugen und den Stab in die Vorhalte führen (Rücken bleibt aufrecht) (38/6)
- einatmen, dabei aufrichten und Stab in die Hochhalte führen (38/7)
- ausatmen, dabei gleichzeitig Stab und Fersen senken in die Ausgangsstellung (38/8).

Schwingen und Dehnen mit dem Reifen
Schlußstellung, Reifen senkrecht in der Tiefhalte mit beiden Händen gefaßt (39/1)
Auftakt: Reifen nach links anschwingen (39/2)
- ein Tiefschwung vor dem Körper nach rechts mit senkrecht gehaltenem Reifen (39/3–5)
- Reifen über die Hochhalte nach links führen, dabei eine ganze Drehung des Reifens (rechte Schulter vorn, linke Schulter hinten) (39/6)
- Tiefschwung vor dem Körper nach rechts mit senkrecht gehaltenem Reifen
- Reifen in die Hochhalte schwingen, dabei ½ Drehung des Reifens (39/7)
- den senkrecht gehaltenen Reifen hinter den Kopf führen (39/8)
- ein Schritt rechts seitwärts mit Gewichtsverlagerung rechts, dabei Reifen nach rechts führen mit Flankendehnung links (39/9)
- Gewichtsverlagerung nach links, dabei Reifen vor dem Körper nach links führen mit Flankendehnung rechts (39/10)
- wie vor gegengleich
- Gewichtsverlagerung nach links, dabei Reifen hinter dem Kopf nach links führen mit Flankendehnung rechts (39/11+12)
- linke Hand lösen und Tiefschwung vor dem Körper nach rechts mit senkrecht gehaltenem Reifen (39/13)
- ¼ Drehung rechts in die Schlußstellung, dabei Reifen vorn abwerfen (39/14)
- Reifen rechts auffangen und ein Rückschwung an der rechten Körperseite, Reifen hinter dem Körper in die linke Hand übergeben (39/15)
- ein Vorschwung an der linken Körperseite, Reifen vor dem Körper in die rechte Hand übergeben (39/16)
- ein Rückschwung an der rechten Körperseite, dabei Dreierschritt vorwärts, Reifen hinter dem Körper in die linke Hand übergeben (39/17+18)
- ein Vorschwung an der linken Körperseite, dabei Dreierschritt vorwärts, Reifen vor dem Körper in die rechte Hand übergeben, Schlußstellung (39/19)
- ein Rückschwung an der rechten Körperseite, Reifen hinter dem Körper in die linke Hand übergeben (39/20)
- ein Vorschwung an der linken Körperseite (39/21)
- ein Rückschwung an der linken Körperseite mit Abwurf des Reifens nach hinten (39/22+23)
- ½ Drehung links, dem Reifen nachlaufen und mit der rechten Hand auffangen (39/24)
- auslaufen und Ausschwingen des Reifens in der Schlußstellung.

Springen in Bewegungsverbindungen (Kreis)
Schlußstellung, Arme neben dem Körper (40/1)
Auftakt: Anheben beider Arme in die Seithalte (40/2)
- ein Schritt vorwärts, ein Pferdchensprung (40/3)
- Wechselschritt, ein Pferdchensprung (40/4)
- Wechselschritt, vier Pferdchensprünge (ohne Zwischenschritte)
- ein Schrittsprung, zwei Laufschritte (40/5)
- ein Schrittsprung, zwei Laufschritte (40/6)
- vier Laufschritte, der 4. Laufschritt in die Schlußstellung. (40/7–10)

Übungen des Deutschen Gymnastikabzeichens der 2. Stufe

Gymnastik ohne Handgerät
Schlußstellung
Auftakt: Anheben der Arme in die Seithalte (41/1)
Absprung, linkes Bein seitwärts und rechten Fuß rückkreuzen, dabei rechte Hand auf den Boden

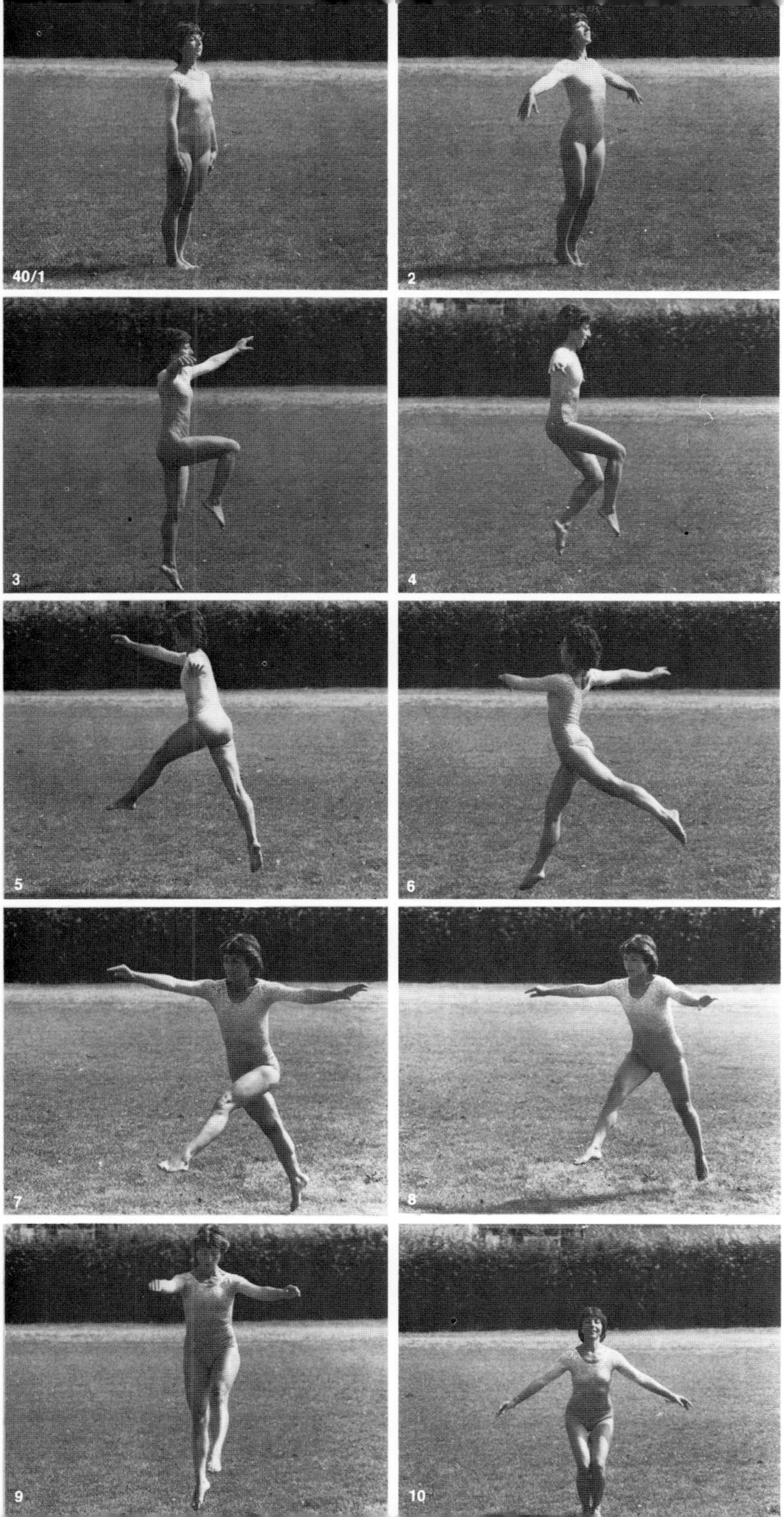

schlagen mit Körperverwringung nach links (41/2)

- aufrichten, wie vor gegengleich (41/3)
- aufrichten in die Schlußstellung, dabei Arme in die Seithalte führen
- ein Gegenarmkreis vor dem Körper, drei Schritte vorwärts (links, rechts, links), dabei Arme über die Tiefe in die Hochhalte führen, $^1/_4$ Drehung rechts in die Schlußstellung
- drei Schritte rückwärts (links, rechts, links), dabei Arme nacheinander rückwärts kreisen (rechts, links, rechts) (41/4+5) in die Hochhalte, $^1/_8$ Drehung in die Schlußstellung
- ein Ausfallschritt rechts vorwärts, dabei Arme mit aufgestellten Händen nach vorne drücken (Körperspannung) (41/6)
- drei Schritte rückwärts (links, rechts, links) mit gerundetem Rücken (Spannung lösen), dabei Arme anziehen (41/7), $^1/_8$ Drehung links in die Schlußstellung
- ein Ausfallschritt links seitwärts mit Gewichtsverlagerung links, dabei Arme parallel mit aufgestellten Händen zur Seite drükken (ohne Frontveränderung) (41/8)
- Rumpfkreisen über die Tiefe nach rechts (41/9), dabei $^1/_4$ Drehung rechts in die Schlußstellung, Arme in die Hochhalte schwingen (41/10)
- ein Parallelarmkreis vorwärts, ein Ausfallschritt rechts vorwärts mit schwungvollem Rumpfbeugen vorwärts und Rückschwung der Arme (41/11), Vorschwung in die Hochhalte und $^1/_2$ Drehung links auf dem rechten Fuß (41/12)
- senken in den Sitz und abrollen

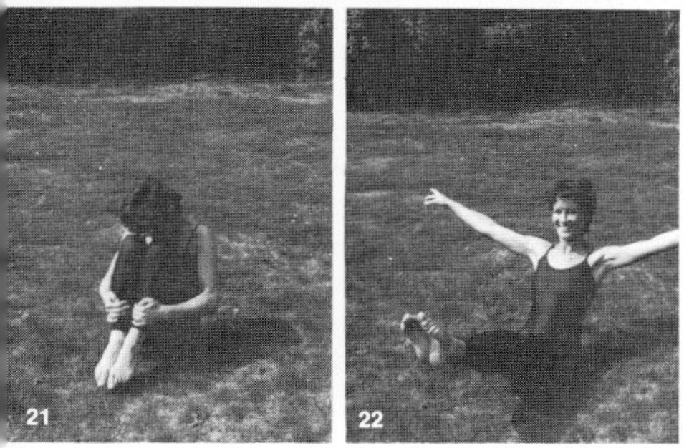

in die Rückenlage; Arme über vorn in die Seithalte zur Schräghochhalte führen (41/13)
- Armschwung über vorn und aufrichten in Bärensitz (dabei einatmen und strecken) (41/14)
- rechtes Bein anziehen und linkes Bein seitwärts strecken, dabei rechte Hand seitwärts aufstützen, linken Arm nach rechts über den Kopf schwingen zur Flankendehnung links (41/15)
- senken in den Grätschsitz, Parallelarmschwung über vorn (41/16), linke Hand rückwärts aufstützen, rechten Arm nach links über den Kopf schwingen und Becken anheben (41/17)
- rechten Arm zurückschwingen und senken in den Grätschsitz
- abrollen in die Rückenlage, dabei Beine schließen und die Arme über vorn zur Seite führen (41/18)
- Brustkorb anheben (41/19) und aufrichten zum Strecksitz, dabei Arme über die Hochhalte führen
- Rumpfbeuge vorwärts, dabei Arme vorschwingen, Hände umfassen die Fußgelenke, Beine anziehen (41/20 + 21)
- aufrichten, dabei Beine strecken und senken, Arme in die Seithalte führen (41/22 + 23).

Gymnastik mit dem Reifen

Schlußstellung, Reifen senkrecht an der rechten Körperseite, mit beiden Händen halten (42/1)
- Reifen nach vorn wegrollen, nachlaufen und einen Frontalkreis um den Reifen laufen (42/2 + 3)
- Reifen mit der rechten Hand anzwirbeln und einen Flankenkreis um den Reifen laufen (42/4–6)
- Reifen mit der rechten Hand aufnehmen und einen waagerechten Schwung nach links
- ein Schritt rechts seitwärts (42/7)
- eine Auswärtsspirale mit der rechten Hand, dabei $1\frac{1}{2}$ Drehungen rechts auf beiden Füßen (42/8 + 9)
- Reifen nach rechts ausschwingen, dabei ein Schritt rechts seitwärts mit Gewichtsverlagerung nach rechts (42/10)

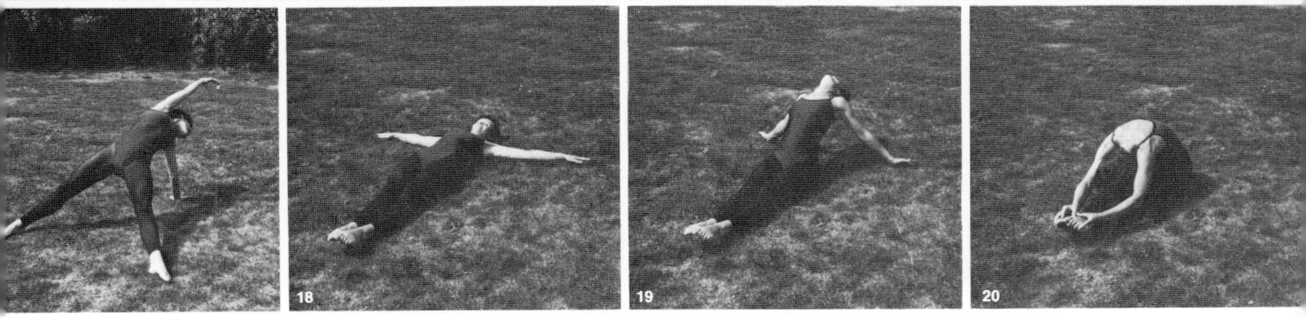

- Reifen waagerecht über den Kopf schwingen, dabei Heranstellen des linken Fußes (42/11)
- Reifen über dem Kopf einwärts kreisen, dabei aus dem Ballenstand in die Hockstellung senken (42/12)
- in den Ballenstand aufrichten und senken in die Hockstellung, dabei Reifen über dem Kopf einwärts kreisen (42/13)
- Reifen senkrecht vor dem Körper in die linke Hand übergeben (42/14)
- in den Ballenstand aufrichten, dabei ein Rückschwung an der linken Körperseite und Reifen hinter dem Körper in die rechte Hand übergeben, ein Vorschwung an der rechten Körperseite (42/15)
- fünf Hüpfer vorwärts, dabei Handkreisen rückwärts, 5. Hüpfer in die Schlußstellung, dabei Reifen abwerfen und mit der rechten Hand auffangen (42/16–19).

Gymnastik mit dem Seil

Schlußstellung, Seilenden in beiden Händen hinter dem Rücken in der Schrägtiefhalte

Auftakt: Seil rückwärts anschwingen

- zwei Schlußsprünge mit Nachfedern und je einem Seildurchschlag vorwärts (43/1)
- vier Schlußsprünge mit je einem Seildurchschlag vorwärts (43/2)
- acht Hüpfer vorwärts mit je einem Seildurchschlag vorwärts, 8. Hüpfer in die Schlußstellung (43/3+4)
- ½ Drehung mit Rücksetzen des rechten Fußes, dabei Seil an der rechten Körperseite vorbeischwingen (43/5)
- ein Kreisschwung vorwärts an der linken Körperseite (43/6+7)
- ein Kreisschwung vorwärts an der rechten Körperseite (43/8+9)
- schnelle Laufschritte vorwärts, mit je einem Seildurchschlag (43/10)
- ½ Drehung rechts auf beiden Füßen, dabei Seil an der rechten Körperseite vorbeischwingen (43/11)
- ein Kreisschwung rückwärts an der rechten Körperseite mit Abwerfen des Seiles nach vorn, nachlaufen und Seil mit einer Hand auffangen (43/12–15).

42/1
2
3
4
5
6
7
8
9
10
11
12
13
14
15
16
17
18
19

43/1
2
3
4
5
6
7
8
9
10
11
12
13
14
15

Gymnastik mit dem Ball
Schlußstellung, Ball in beiden Händen vor dem Körper
Auftakt: Ball in die Vorhalte führen

- Ball mit beiden Händen hochwerfen, fallen lassen (44/1+2)
- viermal kurzes Prellen mit beiden Händen in der Hockstellung, (44/3) 4. Prellen kräftig, dabei aufrichten
- Ball mit der rechten Hand fangen und eine 1/4 Drehung links (44/4)
- ersten 1/2-Kreis mit acht Laufschritten vorwärts, dabei viermal Ball rechts prellen (44/5+6)
- 1/2 Drehung rechts (44/7)
- zweiten 1/2-Kreis mit acht Lauf-

schritten rückwärts, dabei viermal Ball links prellen (44/8)

- ¼ Drehung links und Ball mit der rechten Hand fangen (44/9)
- ein Armkreis rückwärts, dabei in die Hockstellung (44/10)
- Ball vorrollen, nachlaufen, zwei Pferdchensprünge über den Ball (44/11–13)
- weiterlaufen und vor dem Ball in die Hockstellung
- Ball in beide Hände rollen lassen mit sofortigem Hochwerfen (44/14+15)
- auffangen mit der rechten Hand
- ein Schritt rechts seitwärts (44/16)
- eine ganze Auswärtsspirale, dabei eine ganze Drehung auf beiden Füßen (44/17–19)
- Ball nach vorn abwerfen, nachlaufen und mit beiden Händen auffangen (44/20).

Gymnastik mit dem Band
Schlußstellung, Band in der rechten Hand (45/1)
Auftakt: Anschwingen des Bandes nach hinten (45/2)

- ein Schwung vorwärts in die Hochhalte, Band vorschwingen bis zur Vorhalte (45/3)
- eine ganze Drehung rechts auf beiden Füßen, dabei kleine, senkrecht stehende Schlangen nach rechts (Bodenberührung) (45/4+5)
- Anschwingen des Bandes nach hinten, ein Schwung vorwärts in die Hochhalte (45/6+7)
- vorwärtslaufen, dabei waagerechte Schlangen über dem Kopf (45/8)
- ¼ Drehung rechts, dabei Band hinter dem Rücken in die linke Hand übergeben (45/9)
- drei Armkreise rückwärts an der linken Körperseite, dabei je ein Pferdchensprung (45/10)
- zwei bis drei Schritte vorwärts, dabei Band vor dem Körper in die rechte Hand übergeben (45/11)
- eine Außenspirale (über dem Kopf beginnend) mit einer ganzen Drehung auf beiden Füßen (45/12)
- rückwärts im Bogen laufen mit senkrecht stehenden Bodenspiralen auswärts, in der Schlußstellung enden und Band nach hinten schwingen (45/13–15)
- ein Schwung vorwärts in die Hochhalte, waagerechte Schlangen vorn abwärts nach hinten (45/16–18)
- Band vorschwingen, rückschwingen und einen Armkreis rückwärts an der rechten Körperseite (45/19–21).

Verleihungsbedingungen für die einzelnen Abzeichen der 1. Stufe

Bronze:
6 von 7 Übungen der 1. Stufe innerhalb eines Jahres.
Bronze mit Wiederholungszahl:
6 von 7 Übungen der 1. Stufe mehrmals erfüllt,
5x = Abzeichen mit der Zahl 5
10x = Abzeichen mit der Zahl 10
usw.
Wiederholungen sind einmal pro Jahr möglich.
Silber:
nach vollendetem 35. Lebensjahr
6 von 7 Übungen der 1. Stufe innerhalb eines Jahres
Silber mit Wiederholungszahl:
nach vollendetem 35. Lebensjahr
6 von 7 Übungen der 1. Stufe mehrmals erfüllt, Wiederholungszahlen wie Bronze.
Gold:
nach vollendetem 50. Lebensjahr
6 von 7 Übungen der 1. Stufe innerhalb eines Jahres.
Gold mit Wiederholungszahl:
nach vollendetem 50. Lebensjahr
6 von 7 Übungen der 1. Stufe mehrmals.

Verleihungsbedingungen für die einzelnen Abzeichen der 2. Stufe

Bronze + Silber (Figuren Bronze, Rahmen Silber):
im Besitz des Abzeichens der 1. Stufe im Alter bis zu 35 Jahren und zusätzlich die Bedingungen der 2. Stufe.
Bronze + Silber mit Wiederholungszahl:
im Besitz des Abzeichens der 1. Stufe im Alter bis zu 35 Jahren und die Bedingungen der 2. Stufe mehrmals
5x = Abzeichen mit der Zahl 5
10x = Abzeichen mit der Zahl 10
usw.
Wiederholungen sind einmal pro Jahr möglich.
Silber + Gold (Figuren Silber, Rahmen Gold):
im Besitz des Abzeichens der 1. Stufe und zusätzlich nach vollendetem 35. Lebensjahr die Bedingungen der 2. Stufe.
Silber + Gold mit Wiederholungszahl:
im Besitz des Abzeichens der 1. Stufe und nach vollendetem 35. Lebensjahr die Bedingungen (Übungen) der 2. Stufe mehrmals. Wiederholungszahlen wie Bronze + Silber.

45/1

2

3

7

8

9

13

14

15

19

20

21

Gold + Rubin (Figuren und Rahmen, Gold, Rubin im unteren Ring):
im Besitz des Abzeichens der 1. Stufe und nach vollendetem 50. Lebensjahr die Bedingungen (Übungen) der 2. Stufe zusätzlich.
Gold und Rubin mit Wiederholungszahl:
im Besitz des Abzeichens der 1. Stufe und nach vollendetem 50. Lebensjahr die Bedingungen (Übungen) der 2. Stufe mehrmals erfüllt.
Wiederholungszahlen wie Bronze + Silber.
Die Wiederholungen der Bedingungen für die 2. Stufe mit erreichter Wiederholungszahl gelten für alle Abzeichen der 2. Stufe, d. h. Wiederholungen werden in die jeweils höheren Abzeichen mitübernommen. Wiederholungen der 1. Stufe gelten nicht für die Anrechnung bei der 2. Stufe. Das vom Deutschen Turner-Bund geschaffene Deutsche Gymnastikabzeichen kann von allen erworben werden, der Erwerb ist nicht an eine Mitgliedschaft in einem Verein gebunden.

Lernziele bei den Übungen des Deutschen Gymnastikabzeichens der 1. Stufe

Übung	Schwerpunkte der Schulung und Wirkung
1. Gehen und Laufen mit fließenden Übergängen	Kräftigung der Bein- und Fußmuskulatur, Schulung der Haltung und Koordination
2. Federn und Hüpfen mit dem Ball	Schulung der Sprungkraft, Haltung und der Koordination
3. Schwingen mit zwei Keulen	Schulung der Schwungkraft, der Haltung und Koordination sowie Schulung der Dehnfähigkeit (und besonders zu beachten ist die Gewichtsverlagerung)
4. Körperbildung mit dem Ball	Kräftigung der Bauch- und Rückenmuskulatur; Atemschulung und Koordinationsschulung, Beweglichmachung der Wirbelsäule
5. Gleichgewichts- und Atemübungen mit dem Stab	Koordination von Bewegung und Atmung; Schulung der Körperspannung
6. Schwingen und Dehnen mit dem Reifen	Schulung der Schwungkraft, Dehnfähigkeit und Koordination; (besondere Beachtung findet auch in dieser Übung die Gewichtsverlagerung)
7. Springen in Bewegungsverbindung	Schulung der Sprungkraft, Koordination und der Haltung

Checkliste zum Deutschen Gymnastikabzeichen der 1. Stufe

Wege und Maßnahmen	Hilfen, Materialien, Regularien
Übungsleiterin informiert sich über die Bedingungen zum Erwerb des Deutschen Gmynastikabzeichens	Ausschreibung, Positive Ausführungskriterien und Fehlerkatalog im Aufgabenbuch des Deutschen Turner-Bundes. Bestellung: Deutscher Turner-Bund, Otto-Fleck-Schneise 8, 6 Frankfurt 71; Teilnahme an Lehrgängen des Turngaues (-kreises) oder des Landesturnverbandes bei besonderem Interesse: Erwerb der Prüferlizenz.
Bewußtseinsbildung über den Wert des Deutschen Gymnastikabzeichens und Motivation zum Erwerb	Siehe entsprechende Beiträge in »Deutsches Turnen«.
Einbeziehung von Übungsteilen des Deutschen Gymnastikabzeichens in den Turnstunden, ohne direkten Hinweis zum Erwerb des Deutschen Gymnastikabzeichens	
Veröffentlichung in der Vereinszeitung	
Information der Teilnehmer in der Turnstunde	
Konkrete Information der Turnerinnen, die das Gymnastikabzeichen erwerben wollen	Urkundenheft mit Ausschreibung der Bedingungen (Übungen) und Urkunde, die gleichzeitig als Prüfkarte verwendet wird. Beim zuständigen Landesturnverband anfordern.
Erlernen der Übungen ■ mit der gesamten Gruppe in der Turnstunde ■ mit den Interessenten im Anschluß an die Turnstunde oder ■ in besonders hierfür angesetzten Übungsstunden, evtl. in Arbeitsgemeinschaften mehrerer Vereine und ■ als Kursangebot für Mitglieder und Nichtmitglieder	Methodische Hinführung zu den Übungen der 1. Stufe. Schallplatten oder Kassetten zur Methodik. Kassette zu der offiziellen Musik des Deutschen Turner-Bundes zu den Übungen der 1. Stunde, verwendbar zu Übungszwecken auch bei der Prüfung zugelassen. Bestellung der Methodikunterlagen: Deutscher Turner-Bund, Otto-Fleck-Schneise 8, 6000 Frankfurt 71 Bestellung der Musik: Turner-Pool, Vertriebs und Werbe GmbH, Otto-Fleck-Schneise 8, 6000 Frankfurt 71.

Wege und Maßnahmen	Hilfen, Materialien, Regularien
Nach Erlernen von einer, zwei oder drei Übungen Ansetzen eines Prüfungstermins	Liste der lizenzierten Prüferinnen beim Turngau (-kreis) oder Landesturnverband anfordern, Abstimmen des Prüfungstermins mit dem zuständigen Turngau oder Landesturnverband mit Einladung von zwei Prüferinnen.
Statt eines eigenen Prüfungstermins im Verein, auch Teilnahme am Prüfungstermin des Turngaues (-kreises) oder Landesturnverbandes Nach Erlernen weiterer Übungen (Bedingungen) Abnahme wie vor	Die Prüferinnen bescheinigen die Erfüllung der jeweiligen Bedingungen auf der Rückseite der Urkunde.
Nach Erfüllen aller Bedingungen einsenden der Urkunden an den zuständigen Landesturnverband zur Eintragung der Urkundennummer und Bestellung der Abzeichen Verleihung der Urkunde mit Brosche und Stoffabzeichen	Broschen und Stoffabzeichen (siehe Tabelle S. 49) beim Landesturnverband anfordern
Presseveröffentlichungen, z. B.: ■ Vereinszeitschrift ■ Tageszeitung ■ Zeitung des Landesturnverbandes ■ Wochenblatt	Muster anfordern: Referat Presse, Deutscher Turner-Bund, Otto-Fleck-Schneise 8, 6 Frankfurt 71
Bei Wiederholungen trifft das Verfahren wie vor zu	Wiederholung einmal innerhalb eines Jahres möglich. Bei mehrmaligen Wiederholungen Broschen mit entsprechender Zahl anfordern (siehe Tabelle S. 49)

Der Erwerb des Deutschen Gymnastikabzeichens der 2. Stufe ist nach erfolgreicher Prüfung der 1. Stufe möglich. Das Verfahren ist das gleiche wie in der vorstehenden Tabelle beschrieben.
An Materialien wird folgendes angeboten:

- Ausschreibung und Fehlerkatalog im Aufgabenbuch des Deutschen Turner-Bundes
- Kassette der offiziellen Musik des Deutschen Turner-Bundes zu den Übungen der 2. Stufe. Bestellung: Turner-Pool, Vertriebs- und Werbe GmbH, Otto-Fleck-Schneise 8, 6000 Frankfurt 71
- Urkunden als Prüfkarten sowie Broschen und Stoffabzeichen der 2. Stufe (ggf. mit Wiederholungszahl). Bestellung: zuständiger Landesturnverband.

Gymnastik-Treff

Aktion des Deutschen Turner-Bundes in Zusammenarbeit mit dem Deutschen Sportbund

Gymnastik-Treff – warum?

Weil noch viele Menschen gerne Gymnastik betreiben würden . . .

- zum Beispiel Hausfrauen und berufstätige Frauen, die niemand kennen, der sie in eine bestehende Gymnastikabteilung mitnehmen könnte, denen aber die offene Form des **»Treffs«** den Versuch erleichtert;
- zum Beispiel viele Männer, die das **»Trimmen«** auch für nötig halten, aber noch eine Scheu haben, sich einem Verein anzuschließen;
- zum Beispiel viele Ehepaare und ganze Familien, die schon immer eine Trimm-Gelegenheit suchten, die man zusammen nützen könnte;
- aber auch Neuzugezogene, kontaktsuchende Twens und Alleinstehende, Kur-Teilnehmer, die ihre Fitness erhalten, Skiläufer, die sich auf den Winterurlaub vorbereiten, Bikini-Anhänger, die sich schlanker trimmen wollen, Fast-Gesunde, denen der Arzt gesagt hat, jetzt wär's aber Zeit.

Weil Gymnastik wenig Voraussetzungen braucht . . .

- denn ein oder zwei Übungsleiter und eine geeignete Fläche genügen und der Treff kann beginnen;

- denn ein Gymnastik-Treff kann auch im Stadtwald stattfinden oder auf dem Sportplatz, auf den Grünflächen einer Wohnsiedlung oder auf einem Schulhof;
- denn es muß nicht unbedingt die Turnhalle oder die Gymnastikhalle sein, es geht zur Not auch in einem Versammlungsraum, einem Gemeindesaal, einem Jugendheim, einem Freizeithaus;
- denn es ist auch die zusätzliche Nutzung einer Turn- und Sporthalle oft noch möglich, wenn z. B. die Gemeinde die Bedeutung dieses neuen Angebots erkennt, oder wenn der Verein Übungsraum durch sinnvolle Zusammenlegung schwächer besuchter Programme gewinnt, oder wenn die Nutzung der Sportstätte zu einem zusätzlichen Zeitpunkt, wie am frühen Nachmittag, am frühen Morgen, z. B. vor dem Schulbeginn als **»7-Uhr-Frühaufsteher-Gymnastik-Treff«**, am Samstagnachmittag oder am Sonntagmorgen eingerichtet wird.

Weil Gymnastik viele gesundheitsförderliche Wirkungen hat...

- indem sie die Beweglichkeit verbessert, die wir in unseren bewegungsarmen Küchen, Wohnzimmern, Büros, Autos, Aufzügen, Verkaufsräumen, Produktionsstätten einbüßen, (fühlen wir uns ohne Beweglichkeit nicht wie in einem uns nicht gehörenden Körper eingesperrt?);
- indem sie uns die notwendige Muskelkraft für Alltag und Hobby gibt, die wir im Umgang mit Kugelschreibern, Gaspedalen, Küchenmaschinen, Fernsehbedienungsknöpfen, Schreibmaschinentasten verkümmern lassen, und ohne die wir in einem Körper leben, der um die Hälfte soviel kann, wie er zu können vermag;
- indem sie uns mehr Ausdauer schenkt, ein größeres, ruhig schlagendes, widerstandsfähiges Herz, dem wir in unserem auf Eßstühlen, Arbeitsstühlen, Autositzen, Bürosesseln, Fernsehsesseln durchgesessenen Leben zwar viel nervlichen Streß, aber zu wenig ausdauernde Beanspruchung durch Bewegung zumuten. Und ohne ein ausdauerndes Herz ist unser Körper so untermotorisiert, wie es ein Auto mit einem Moped-Motor wäre.

Weil Gymnastik ebenso wichtige Qualitäten hat...

- wie die Vermittlung einer neuen Begegnung mit sich selbst: den eigenen Körper genauer kennenlernen, vor allem aber das von Übungsstunde zu Übungsstunde wachsende Können im besseren Gelingen einer Bewegung;
- wie die Entdeckung, daß die heutige Gymnastik mir die Möglichkeit gibt, mich durch Bewegung auszudrücken, zu erkennen, daß ich im Gehen, Laufen, Hüpfen, Schwingen usw. nicht nur meine Glieder bewege, sondern als ganzer Mensch in Bewegung bin, und daß sich durch diese Erfahrung meine Individualität, die Einzigartigkeit meiner Person bestätigt;
- wie die Erfahrung, daß man während und nach der Gymnastikstunde mit anderen Menschen ins Gespräch kommen und Kontakte anknüpfen kann, Geselligkeit vermittelnd, Isolierung überwindend.

Weil der moderne Verein zeigen will, daß er keine »geschlossene Gesellschaft« ist...

- und deshalb neben der herkömmlichen Mitgliedschaft auch offene Teilnahmemöglichkeiten wie den **Lauf-Treff**, den **Gymnastik-Treff**, die Trimm-Spiele für jedermann anbietet;
- und deshalb auch sicher sein kann, daß er als Anbieter eines »Sports für alle« auch die Voraussetzungen zu einer optimalen Förderung bietet;
- und deshalb auch in der Öffentlichkeit seine bürgerliche Initiative, seine Attraktivität anerkannt und in der Presse entsprechend gewürdigt wird;
- und deshalb auch darauf vertrauen kann, daß für viele Teilnehmer der Gymnastik-Treff eine Brücke zu einem dauerhaften Verhältnis werden kann.

Bedeutung der Gymnastik und des Gymnastik-Treffs

Die Gymnastik bietet vielfältige Möglichkeiten körperlicher Bewegung und nimmt einen entsprechend großen Raum im fachlichen Angebot des Deutschen Turner-Bundes ein. Sie scheint geradezu bestimmt, mit ihren vielfältigen und vielseitigen Darstellungsformen, Inhalten und Eigenschaften bewegungsmäßig Unbegabte oder Ungeübte erstmals für körperliche Bewegung zu begeistern oder nach einer längeren Pause wieder dafür zu interessieren.

Durch den Gymnastik-Treff sollen dabei insbesondere folgende Ziele erreicht werden:

- Der Gymnastik-Treff möchte die allgemeine körperliche Funktionstüchtigkeit der Teilnehmer aufbauen, erhalten oder verbessern.
- Der Gymnastik-Treff möchte eventuellen gesundheitlichen Schäden, die durch Bewegungsmangel entstehen können oder bereits entstanden sind, vorbeugen oder ihnen entgegenwirken.
- Der Gymnastik-Treff möchte den Teilnehmern durch die gemeinsame gymnastische Betätigung neue Gesprächs- und Kontaktpersonen vermitteln, ihnen Möglichkeit zur Unterhaltung und Geselligkeit geben.

Der Teilnehmer am Gymnastik-Treff

Ausgehend von den Zielsetzungen des Gymnastik-Treffs soll der Durchschnittsbürger angesprochen werden, der ohne Rücksicht auf Vereinszugehörigkeit, Alter, Geschlecht, Können und Leistungsfähigkeit sich körperlich betätigen möchte. Wie jeder andere aber, der sich entweder allein im Wald oder mit anderen in der Gruppe fit hält, sollte der Teilnehmer folgende weitere Bedingungen erfüllen:

- Von medizinischer Seite sollten keine Einwände und Bedenken gegen aktive körperliche Betätigung bestehen.
- Eine entsprechende Untersuchung durch den Hausarzt sollte vor der ersten Teilnahme am Gymnastik-Treff alle medizinischen Bedenken ausräumen.
- Jeder, ob jung oder alt, ob Mann oder Frau, ob Kleinkind oder Großvater, die ganze Familie soll gemeinsam mit anderen Interessenten teilnehmen können.

Die Einteilung der Teilnehmer am Gymnastik-Treff

Sollten die organisatorischen Voraussetzungen, insbesondere ausreichend Platz-, Hallen- und Zeitkapazität sowie genügend Gymnastik-Treff-Leiter gegeben sein, können die Teilnehmer in kleinere Übungsgruppen – je nach individuellem Interesse und nach Leistungsfähigkeit – aufgeteilt werden. Alter und Geschlecht sollten nur in Ausnahmefällen Kriterium für die Bildung einer entsprechenden Gruppe sein.
Wenn die Möglichkeit der Gruppeneinteilung besteht, sollten die Teilnehmer ihre Gruppe selbst aussuchen können, wobei der Gymnastik-Treff-Leiter mit Rat und Tat helfen und nicht diktatorisch einweisen sollte, um nicht bereits zu Beginn den Teilnehmern Spaß und Freude an der gemeinsamen gymnastischen Betätigung zu nehmen.
Erfolgt die Gruppeneinteilung nach Leistungsfähigkeit und körperlicher Fitness, sollte dies allen Teilnehmern erläutert werden.
Überhaupt sollten ganze Übungszeiten oder bestimmte Teile des Gymnastik-Treffs mit der Gesamtgruppe durchgeführt werden, um keine festen Gruppen entstehen zu lassen und um den Kontakt aller Teilnehmer untereinander zu verbessern, von der Freude und Begeisterung, die ein solches gemeinsames Tun bei allen hervorruft, einmal ganz abgesehen.

Rhythmische Gymnastik

Die Rhythmische Gymnastik ist eine Weiterentwicklung der Allgemeinen Gymnastik. Sie fördert die Kreativität, die Improvisation und die Bewegungsphantasie. Grundlage ist in diesem Bereich u. a. die Handhabung der Handgeräte; hier nicht nur die klassischen Handgeräte Ball, Band, Reifen, Keule und Seil, sondern Handgeräte wie z. B. Stab, Doppelklöppel, Klangholz, Tamburin, Doppelband, Wimpel oder Tuch und selbstgefertigte Handgeräte. Im Vordergrund steht die Bewegungsgestaltung sowie die Übereinstimmung von Musik und Bewegung. Die Rhythmische Gymnastik setzt der Phantasie und der Findung zum individuellen persönlichen Stil keine Grenzen.
Durch die Einführung von Meisterschaften und die Entwicklung spezieller Trainingsprogramme und Techniken hat sich die Rhythmische Gymnastik so hoch entwikkelt, daß sie heute als **Rhythmische Sportgymnastik** eine eigenständige Sportart im Spitzensport darstellt. Man unterscheidet zwischen der Rhythmischen Gymnastik im Breitensport und der Rhythmischen Sportgymnastik im Spitzensport.
Bei der Rhythmischen Gymnastik ohne Handgerät sind die Übergänge zum Tanz fließend und lassen eine eindeutige Festlegung der Grenzen nicht zu. Vielfach spricht man hier auch von der »Tänzerischen Gymnastik«.
Zwei typische Anwendungsbeispiele sind einmal der Gruppenwettbewerb Gymnastik und Tanz und zum

anderen Gruppengestaltungen bei Vorführungen und Turnschauen. Hier soll nun die Rhythmische Gymnastik anhand eines Beispiels dargestellt werden: Gruppenwettbewerb Gymnastik und Tanz, Beispiel zur Erarbeitung einer Bewegungsgestaltung mit dem Stab. Ein weiteres Beispiel, das geeignet ist, das Wesen der Rhythmischen Gymnastik zu erklären, folgt im Kapitel „Gymnastik und Tanz" ab Seite 96. Es ist dem Bild Gymnastik, Tanz und Spiel aus der Großraumvorführung des Deutschen Turner-Bundes bei der Gymnastraeda 1982 in Zürich entnommen, das gleichzeitig Bild 3 der Abschlußveranstaltung beim Deutschen Turnfest 1983 in Frankfurt darstellt.

Bewegungsgestaltung mit dem Seil

Folgende Grundformen der Gymnastik mit dem Seil bilden die Grundlage für die Bewegungsgestaltung, die in den Unterrichtsstunden erarbeitet werden soll:

- Schlußsprünge
- verschiedenartiges Laufen
- Doppelfedern
- Zwiesprünge
- Seitgalopp
- Kreis- und Pendelschwünge
- Drehungen
- Ein- und Auswickeln.

Die Musik soll eine „gerätegerechte Verwendung" des Seils gewährleisten. Tempo und Dynamik des angebenen Musiktitels waren ausschlaggebend für seine Auswahl. Aus den oben genannten Grundformen werden Bewegungsverbindungen gebildet, die in engster Beziehung zur gewählten Musik stehen. Durch rhythmische Veränderungen, die u. a. die Bewegungskoordination und das Gedächtnis schulen, wird nun eine Bewegungsfolge zusammengestellt. Sie spiegelt zum Teil analog die Musik wider, schafft durch Gegensätze von Musik und Bewegung aber auch neue Spannungsmomente. Bei einer solchen Arbeitsweise entstehen bei gleichen oder ähnlichen Musiktiteln zahlreiche Variationen der ihnen zugeordneten Bewegungsverbindungen. Auf diese Weise wird eine Aneinanderreihung von immer neuen Übungsteilen vermieden.

Die für eine Gruppengestaltung unerläßlichen räumlichen Variationen können unter anderem herbeigeführt werden durch:

- Richtungsänderungen
- Verdopplung oder Verlangsamung des Tempos durch einige Gruppenmitglieder
- kanonartige Einsätze von Bewegungsverbindungen (bei entsprechend aufgebauter Musik)
- gleichzeitiges, in Gruppen unterschiedliches Sichtbarmachen von rhythmischen und melodischen Linien in der Musik.

Die Bewegungsgestaltung für das folgende Beispiel ist größtenteils vorbereitend festgelegt. Die choreografische Bearbeitung jedoch muß in den Unterrichtsstunden stattfinden, so daß es in den einzelnen Gruppen zu unterschiedlichen Lösungen und Abweichungen kommen wird.

Beispiel zur Musik »Funky Topsy«

(Dieter von Goetze) aus Training mit Musik V (Waltraud Meusel)

Abkürzung: T = Takt

Ausgangsstellung:
Schlußstellung, das Seil liegt hinter den Füßen am Boden und wird an den Enden mit je einer Hand locker gefaßt.

Einleitung

T 1–3	ohne Bewegung
T 4	auf »drei« und »vier« das Seil durch einen hohen Armkreis vorwärts schwingen, vor den Körper etwa in Kopfhöhe beide Hände zusammennehmen – beim Schwung Körperwelle
T 5	2 langsame Kreisschwünge vorwärts an der linken und rechten Körperseite (Sagittalebene) mit Körperwelle und Heben in den Ballenstand
T 6	4 kurze Kreisschwünge vorwärts, 2 x an der linken, 2 x an der rechten Körperseite
T 7	wie T 5
T 8	4 kurze Kreisschwünge vorwärts, jedoch immer abwechselnd links, rechts, links, rechts

Setzen 2 Gruppen nacheinander ein, wie in unserem Beispiel, so erfolgt der Anschwung der zweiten Gruppe in T 8 auf »drei« und »vier«.

T 9–12	wie T 5–8

Variationsmöglichkeiten:
Schritte und Drehungen bei den Kreisschwüngen.

Teil A 1

T 1	2 x ein Schlußsprung mit Nachfedern am Ort mit je 1 Seildurchschlag vorwärts
T 2	2 Wechselschritte, links, rechts, vorwärts, mit je einem Kreisschwung vorwärts an der linken und rechten Körperseite
T 3–8	wie T 1–2 3 x wiederholt.

> Setzen 4 Gruppen nacheinander ein, so erfolgt der Einsatz jeweils nach 2 Takten. Gemeinsam machen alle die Schlußsprünge; die Kreisschwünge werden entweder im Stand oder mit Wechselschritten ausgeführt.

Variationsmöglichkeiten:
Wechselschritte mit Drehungen verbinden – bei jedem Schlußsprung über das Seil springen.

Teil A 2

T 1–3	6 Doppelfederungen links beginnend auf dem Kreisbogen nach links vorwärts
T 4	2 Doppelfederungen mit je ½-Drehung links vorwärts
T 5–6	4 Doppelfederungen vorwärts weiter auf dem Kreisbogen
T 7	wie T 4
T 8	im Stand 3 Kreisschwünge links, rechts, links, im Rhythmus kurz, kurz, lang.

Variationsmöglichkeiten:
Bei einem Teil der Doppelfederungen das Seil bei jeder Federung überspringen; Drehung mit anderen Schritten verbinden.

Teil A 3

T 1–2	4 x ein Schlußsprung mit Nachfedern am Ort mit je 1 Seildurchschlag rückwärts
T 3–4	4 Wechselschritte links beginnend vorwärts, rückwärts, mit je 1 Kreissprung an der Körperseite links beginnend
T 5–6	Schlußsprünge am Ort
T 7–8	Wechselschritte rückwärts (vorwärts), beim letzten Schwung das Seil in die rechte Hand nehmen (mit entsprechenden Kreisschwüngen rückwärts, vorwärts).

> Wird hierbei die Gesamtgruppe in 2 kleine geteilt, so können die Wechselschritte in einer Gruppe zunächst vorwärts, in der anderen rückwärts ausgeführt werden – in der Wiederholung gegengleich.

Variationsmöglichkeiten:
Bei den Schlußsprüngen die Arme kreuzen und in dieser Weise rückwärts schwingen; bei den Wechselschritten andere Rhythmen für die Kreisschwünge festlegen.

Teil A 4

T 1	2 waagrechte Kreisschwünge in der Horizontalebene über dem Kopf: das Seil von rechts über vorne nach links und hinten schwingen
T 2	rechten Arm senken und das Seil vorne um den Körper »wickeln«, dazu einen Halbkreis nach hinten gehen mit Schritten links, rechts, links, rechten Fuß unbelastet neben den linken stellen
T 3–4	das Seil langsam wieder abwickeln durch einen großen Kreis nach rechts mit 8 Schritten rechts beginnend. Außenlage des Körpers, linken Arm seit, der rechte zieht in einer langsamen Bewegung das Seil wieder nach vorne. Abschließend in die linke Hand nehmen
T 5–8	wie T 1–4 gegengleich, in T 8 jedoch (beim siebenten Schritt des Kreises) auf dem linken Bein stehen bleiben, mit beiden Händen die Seilenden fassen und das Seil so öffnen, daß der linke Arm gehoben, der rechte gesenkt wird.

Variationsmöglichkeiten:
Beim Gehen im Kreis das Seil schneller »abwickeln« und es beliebig oft über dem Kopf kreisen – eventuell verbunden mit zusätzlichen Drehungen in Bewegungsrichtung.

Teil A 5

T 1	durch die unterschiedliche Armhaltung entsteht eine offene Seilschlinge. Doppelfedern auf dem rechten Bein, das linke wird vorhoch gespreizt, in die geöffnete Seilschlinge hinein. Der linke Arm macht einen waagrechten Kreis über den Kopf. Bei der nachfolgenden Doppelfederung auf dem linken Bein wird das rechte Bein ausgespreizt. Die rechte Hand wird während dieser Übung immer tief gehalten!
T 2	aus der Schlußstellung 2 waagrechte Kreisschwünge über dem Kopf
T 3	wie T 1
T 4	entweder wie T 2 (dann T 1–4 wiederholen) oder – linken Arm tief halten, der rechte kreist waagrecht über dem Kopf in gleicher Bewegungsrichtung – linkes Bein einspreizen (bei Doppelfederung rechts), rechtes Bein ausspreizen (bei Doppelfederung links)
T 5–6	ohne Zwischenschwünge T 1 und T 4 aneinanderreihen
T 7–8	wie T 2 anders rhythmisiert.

Variationsmöglichkeiten:
Ein- und Ausspreizen mit einer Drehung links verbinden, anstelle der Kreisschwünge in der Schlußstellung solche mit Schritten vorwärts, seitwärts oder rückwärts verbinden, um damit in eine neue Aufstellung zu kommen.
Bis hierher sind etwa $^2/_3$ der Musik gespielt. Es folgen noch einige Teile der Melodie, die jeweils anders bearbeitet sind, so daß bereits vorhandene Elemente der Musik entsprechend anders zusammengefügt werden könnten. Akzente beachten! Die Musik zum Erwärmen ist ebenfalls auf dem Tonband »Training mit Musik V« enthalten.

Gymnastik mit dem Seil

Formationsvorschlag für eine Gruppe von acht Turnerinnen
Musik $^4/_4$ Takt. Diesem Vorschlag liegt die vorhergehende Bewegungsgestaltung mit dem Seil zugrunde. Das erlernte sollte anschließend choreographisch verarbeitet werden.
Ausgangsstellung:
Grundstellung, Seil in beiden Händen hinter dem Körper.

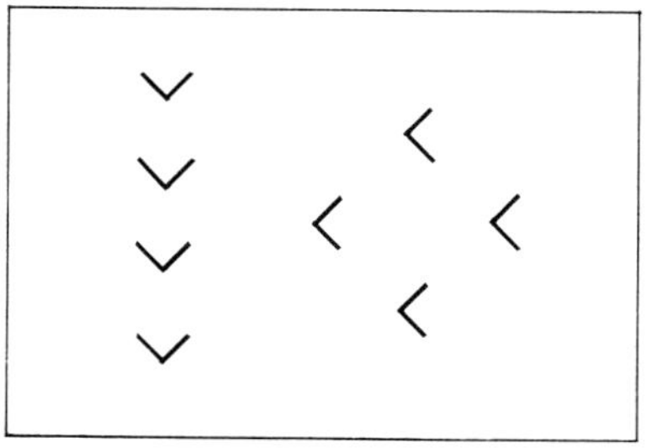

Teil 1

T 1–4	Sagittalkreisschwünge links, rechts, je 1 x
T 5–8	2 Sagittalkreisschwünge links, 2 x rechts
T 9–13	wie T 1–4
T 14–16	Sagittalschwünge links, rechts, links, rechts

Die 16 Takte wiederholen.

Teil 2

T 1–4	2 Schlußsprünge mit Nachfedern und je 1 Seildurchschlag
T 5–8	Nachstellschritt links und rechts vorwärts mit je 1 gleichseitigen Sagittalkreisschwung
T 9–16	wie T 1–8

Die 16 Takte wiederholen.

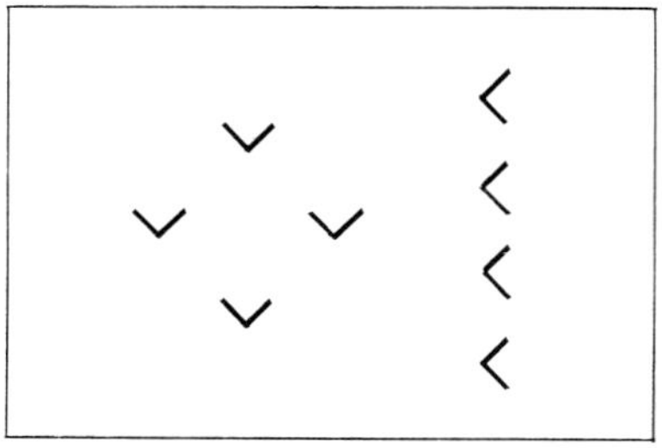

Teil 3

T 1–12	6 Schleuderhüpfer vorwärts mit je 1 Seildurchschlag
T 13–16	2 Flachhüpfer mit 1/1-Drehung links, dabei 2 Sagittalkreisschwünge

Teil 4

T 1–8	4 Schleuderhüpfer vorwärts
T 9–12	2 Flachhüpfer mit 1/1-Drehung links, dabei 2 Sagittalkreisschwünge
T 12–16	Sagittalschwünge links, rechts, links – öffnen

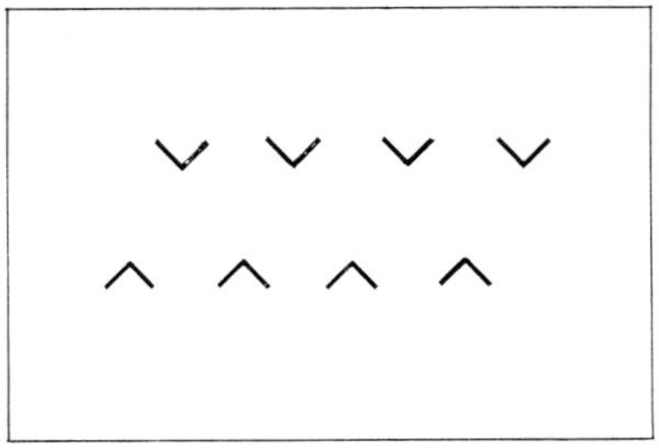

Teil 5

T 1–4 4 Zwiesprünge nach links, rechts, links, rechts schräg vor mit je 1 Seildurchschlag

T 9–12 Sagittalpendelschwung links und rechts aus der Grundstellung

Die Takte 1–12 wiederholen.

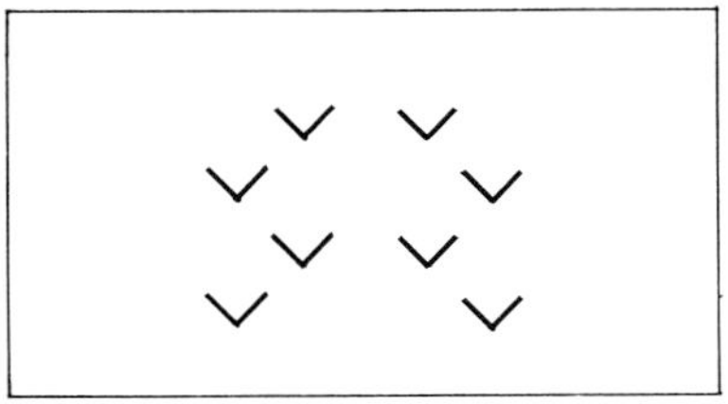

Teil 6

T 1–4 4 Schlußsprünge mit je 1 Seildurchschlag rückwärts

T 5–12 4 Sagittalkreisschwünge rückwärts mit je 1 Wechselschritt vorwärts

T 13–16 wie T 1–4

T 16–24 4 Sagittalkreisschwünge rückwärts mit je 1 Wechselschritt rückwärts

Teil 7

T 1–4 2 Horizontalkreisschwünge über dem Kopf (Seil doppelt in der rechten Hand)

T 5–8 Schritt links, rechts, links, rechts an, rechter Arm führt schräg nach hinten – unten, das Seil wickelt sich um die Taille

T 9–16 einen großen Flankenkreis rechts mit 8 Schritten, dabei wickelt sich das Seil wieder auf (Außenverlagerung des Oberkörpers), am Ende des Flankenkreises das Seil in die linke Hand übergeben, Auswickeln wird durch Schräghochführen des rechten Armes erreicht.

Die Takte 1–16 gegengleich wiederholen.

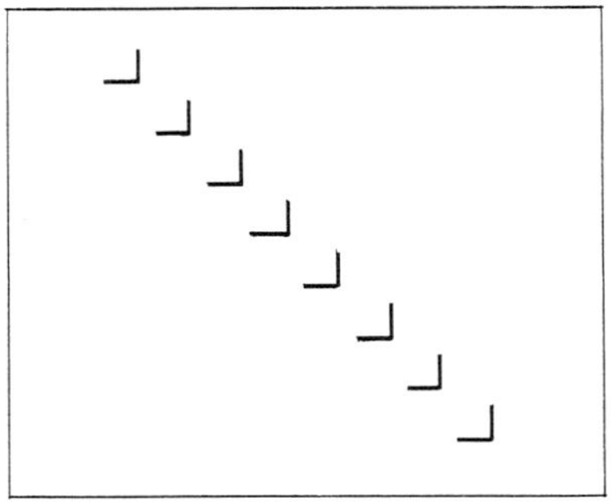

Teil 8

T 1–4 linkes Bein einspreizen (linker Arm in Hochhalte) rechtes Bein ausspreizen (linker Arm bleibt oben, dabei 1/1-Drehung links

T 5–16 wie T 1–4, 3 x

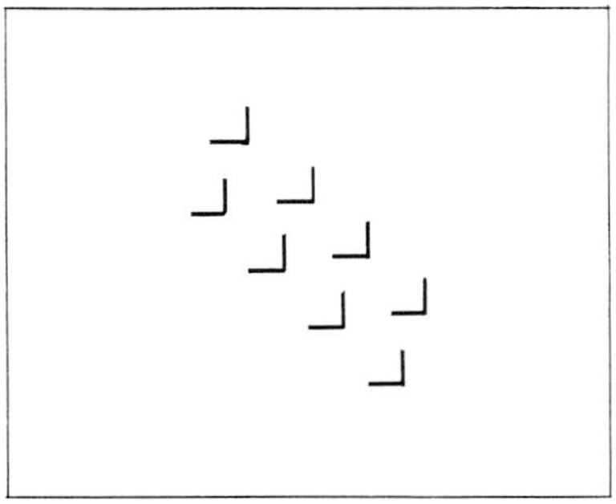

Teil 9

T 1–4 Seil 4-fach, Arme Hochhalte, weite Flankendehnung nach links und rechts mit Nachfedern, dabei Nachstellschritt links – rechts

T 5–8 großer vertikaler Kreisschwung vor dem Körper mit Körperwelle (Beinarbeit!)

T 9–16 wie T 1–8 gegengleich beginnen.

Formationsvorschlag:
Bei der Wiederholung der Übung kann als Überleitung mit Durchwechseln in der Doppeldiagonalen Seitgalopp, jeweils mit 1 Seildurchschlag vorwärts oder rückwärts empfohlen werden. Bei Vorwärtsbewegung Aufstellung möglichst oft verändern. Zusätzlich zu den skizzierten Formen durch Frontveränderungen und Durchwechseln möglich.

Jazzgymnastik – Jazztanz

Es gibt sicher viele Gründe für die Aktualität der Jazzbewegung innerhalb des Breiten- und Freizeitsports, einige wichtige sollen im folgenden dargestellt werden.
Jazzgymnastik und -tanz werden nach zeitgemäßer Musik, vor allem aktuellen Poprhythmen, durchgeführt, die zur Bewegung anregen und das Gefühl geben, modern zu sein. Ein großes Angebot aktueller Musik steht zur Verfügung: Unterhaltungsmusik, Disco-Hits, verjazzte Klassik und Folklore sowie afrikanische und südamerikanische Trommelrhythmen, atmosphärische Synthesizerklänge und differenzierte Jazzmusik verschiedener Stilrichtungen. Es gehört sicher mit zu den schwierigen Aufgaben von Übungsleitern und Lehrkräften, geeignete Musik für Unterricht und Vorführungen auszuwählen. Die Musik ist mitbestimmend für die Motivation, Stimulanz, die Bewegungsintensität und räumliche Gestaltung (Choreographie). Die neuen Bewegungstechniken, die durch den Jazz in die Gymnastik hineingetragen wurden, stellen eine Erweiterung und Bereicherung bisheriger Bewegungsmöglichkeiten dar. Vor allem die Isolationstechnik und die sich daraus ergebenden Koordinationsmöglichkeiten (Polyzentrik) brachten neue Bewegungs- und Ausdrucksqualitäten in die tradionelle Gymnastik. Besonderer Anspruch wird an das Bewegungslernen gestellt, da die jazzspezifischen Bewegungstechniken erhöhte Geschicklichkeit, Beweglichkeit und Rhythmusgefühl verlangen. Freude beim Üben zeigt sich, wenn jazzspezifische Improvisationsaufgaben gestellt werden, die zum Entdecken individueller Bewegungsmöglichkeuten auffordern. Die Bewegungstechniken des schwarz-afrikanischen Tanzes werden auch als »Ekstasetechniken« bezeichnet, d. h. sie dienen unter anderem der kultisch-religiösen Entrückung. Jugendliche in aller Welt, die sich seit dem Rock'n Roll der sechziger Jahre über Twist, Beat, und Soul schwarze Rhythmen und Tanzbewegungen zu eigen machten, übernahmen damit zunächst auch deren Botschaften (Messages) wie Sehnsuchtsgefühle nach Freiheit, Toleranz und Gleichberechtigung. Sie verbanden diese dann mit eigenen Anliegen und Bedürfnissen nach Solidarität und Kommunikation sowie mit Lebensstil und Verhalten. Bis heute identifizieren sich Jugendliche mit »ihrer Musik«, die sie hören, selbst in Bands spielen oder zu der sie in Discos tanzen.

Unterschiede zwischen Jazzgymnastik und Jazztanz

Die Meinungen gehen nach wie vor auseinander, ob diese neue Bewegungsweise eher als Jazzgymnastik oder Jazztanz zu bezeichnen ist. Abgesehen von gelegentlicher terminologischer Uneinigkeit scheint sich jetzt ein tolerierendes Nebeneinander beider Bezeichnungen durchgesetzt zu haben.
Durch den Einfluß der Rhythmusbewegung auf die Gymnastik und den Tanz (sowie die gesamte Turn- und Sportbewegung), wurde der Übergang von der Gymnastik zum Tanz fließend. Sinngemäß sprechen wir von **Jazzgymnastik** immer dann, wenn die Arbeit im Übungsstadium eher einen vorbereitenden Charakter trägt und mit Begriffen wie »Übung, Training, Exercise« umschrieben werden kann. Dieses Üben kann sich auf Körperfunktio-

nen, technische Perfektion oder Automatisierung von Bewegungsabläufen und Bewegungskombinationen beziehen. Mehrfache Wiederholung und symmetrischer, synchroner Aufbau bei Kompositionen tragen eher gymnastischen Charakter.
Von **Jazztanz** sprechen wir dagegen, wenn es um ausdruckshaftes Improvisieren, Gestalten oder neu empfundene Reproduktion geht. Der Schwerpunkt liegt dann vorrangig beim Bewegungsausdruck, bei der musikalischen Interpretation, der Darstellung und Vermittlung tänzerischer Intentionen. Wesentlich ist nicht das Niveau oder die Abgeschlossenheit eines Tanzes, der ihn von der Gymnastik unterscheidet.
Eine Improvisation als flüchtig-spontaner Bewegungsentwurf kann mit hoher Intensität getanzt, eine fertige Choreographie zum wiederholten Mal mit Konzentration auf technische Genauigkeit trainiert werden. Oder eine recht einfache Studie kann überzeugend ausdrucksvoll getanzt werden, und eine die Gruppe überfordernde Komposition gelingt zwar im Ablauf, die tänzerische Durchdringung mit persönlich-stimmiger Ausstrahlung wird jedoch nicht erreicht. Dieser gleitende Übergang von der Gymnastik zum Tanz ist durch die Rhythmusbewegung entstanden.

Zur Entstehung der Jazzbewegung

Jazz hat die Eigenschaft, sich mit anderem vorhandenen Kulturgut zu neuen Synthesen zu verbinden; nur so sind die verschiedensten Stilrichtungen und Ausdrucksformen in Jazzmusik und -tanz zu verstehen. Jazz, der selbst eine Synthese aus afrikanischer, amerikanischer und europäischer Musik- und Bewegungstradition darstellt und in Amerika entstand, erhielt zudem Anstöße von Afro-Brasilien und Afro-Antillen, aus Kuba, Jamaika und Haiti, wo bis heute zum großen Teil schwarz-afrikanische Menschen leben. So sind unter anderem der afro-argentinische **Tango,** die afro-kubanische **Habanera,** die afro-brasilianische **Samba** oder der schon um die Jahrhundertwende in den Südstaaten Nordamerikas bekannte »totalschwarze« **Charleston** jazzartige Synthesen.
Um 1960, also zur Zeit des Rock'n Rolls als bedeutende jugendliche Tanzrevolution, kamen auch die ersten Jazz-Dance-Lehrer (vorwiegend Schwarze) aus USA, um in Deutschland und Europa zu lehren. Es waren vor allem Gymnastik- und Sportlehrerinnen, die sich begeistert auf den Jazz stürzten. So wird verständlich, warum gerade bei uns eine Synthese aus Jazz und Gymnastik zustande kam. Heute kann man für die europäischen Länder feststellen, daß Jazz in der Gymnastik- und Tanzbewegung eine wesentlich größere Bedeutung hat als im professionellen Bühnentanz. Es gibt z. B. keinen Choreographen und keine Tanzkompanie in Deutschland, die sich dem Jazztanz verpflichtet fühlt. Dafür gibt es viele Amateur-, Gymnastik- und freie Tanzgruppen, die sich dem Jazz verschrieben und zu seiner Entwicklung beigetragen haben. In vielen Turn- und Sportvereinen bestehen Jazztanzgruppen.

Begriffliche Erklärungen

Jazztanz ist die deutsche Bezeichnung, **Jazz Dance** die englisch-amerikanische, die von manchen Autoren bevorzugt wird, weil Jazz in Amerika entstand und die Fachsprache englisch ist. Beide Ausdrücke bedeuten dasselbe. **Modern Jazz** Dance betont die Synthese von amerikanischem Modern Dance und Jazz, der heute in Amerika bevorzugt wird. **Afro Jazz** betont den schwarz-afrikanischen Anteil und gewinnt durch das steigende Selbstbewußtsein der Schwarzen und ihrer Kultur an Bedeutung. **Jazz Ballett** ist eine Wortverbindung, in der sich Extreme der schwarzen und weißen Kultur begegnen. Nach GÜNTHER kann es keine echte Synthese zwischen beiden Tanzstilen geben, da die menschlichen und ästhetischen Ideale des klassischen Balletts und des Jazz Dance völlig verschieden sind.
Sogenannte **Fernsehballette** stellen eine Mischung aus Balett (Pirouetten, Hebefiguren, Posen) und schnell getanzten Jazz- und Beatfiguren dar. Hinzu kommen auf Effekte abzielende Kleidung, Beleuchtung und Bühnenaufmachung. Dieser auf äußerliche Wirkung und Sex abgestimmte Showtanz kann für die Laientanzbewegung kein Leitbild sein, hat jedoch durch das Massenmedium Fernsehen eine nicht zu übersehende Wirkung. Daherrührende Vorstellungen von Jazztanz sollten von Tanzpädagogen berücksichtigt werden. So ist Jazz eine noch nicht abgeschlossene, sondern in Entwicklung begriffene Bewegung, die sich neuen Einflüssen gegenüber offen

hält, bis hin zur Tendenz der **„individuellen Jazzsynthese“,** die jeder Tänzer für sich persönlich herausfinden kann. Diesem Idealziel steht die bisher übliche einseitige, **dogmatische Lehrweise des Vor- und Nachmachens** entgegen, die vom professionellen Tanz übernommen wurde, ohne neue, allgemeingültige, pädagogisch-methodische Grundsätze zu berücksichtigen. Die Gefahr der Sterilität und Normierung des Jazztanzes könnte die Folge sein und deutet sich bereits auch an.

Kennzeichen der Jazzbewegung

So verschieden sich die Stilrichtungen, Techniken und Ausdrucksformen des Jazztanzes auch darstellen, so folgen sie doch allgemeingültigen Grundsätzen (Prinzipien), die sich in Amerika, Europa (auch die osteuropäischen Länder wenden sich jetzt verstärkt der Jazzbewegung zu) sowie in fernöstlichen Ländern wie Japan und China feststellen lassen. Dazu gehören:

- Jazz entstammt einer eher »tiefen«, erdgebundenen **Bewegungstendenz,** die Füße werden meist mit flacher Sohle oder in zwei Motionen (Ballen – flache Sohle oder Ferse) aufgesetzt.
- Die **Körperstellung und Tanzhaltung** ist in Knie- und Hüftgelenken gebeugt, bzw. abgeknickt (Collaps), dadurch sind die Gelenke bewegungsbereit und die Isolationsbewegungen können intensiver und ausladender ausgeführt werden.
- Die **Bewegungsimpulse** gehen meist von mehreren Zentren (Kopf, Schultern, Becken, Knien) aus und koordinieren sich in intensiver Gesamtbewegung (Polyzentrik).
- Das **Zusammenspiel der isolierten Zentren** (Bewegungszentren) geschieht in der Regel nach dem Prinzip der gegensätzlichen Verschiebung (Opposition); z. B. bewegt sich die Hüfte nach rechts zur Seite, drängt der Brustkorb nach links und der Kopf kippt seitlich nach rechts zur Hüfte. Diese Verschiebungen bewirken eine verstärkte Wirbelsäulenbewegung, die zu jazztypischen Stellungen führen (46).
- Die **Polyrhythmik** vollzieht sich innerhalb des Körpers (binnenkörperlich) sehr intensiv durch rhythmisch-dynamische Wechsel, wobei z. B. Gewichtsverlagerungen, Tief-Hoch-Bewegung, Hüftbewegungen und doppelt bis dreifach schnelle Schulterbewegungen das Phänomen kennzeichnen (Multiplikation).

46

- **Fortbewegung im Raum** (Lokomotion) basiert auch im Jazz auf den bekannten Grundformen der Gymnastik wie Gehen, Laufen, Hüpfen und Springen. Jazzartige

47

Ausprägung erhalten sie durch zusätzliche Motionen (z. B. starkes Hochziehen des Knies, abgewinkelte Fuß- oder Handstellung, explosive Arm- oder Beinbewegungen, gebrochene Linienführung u. a.) (47).

- **Spannung und Entspannung** ist ein grundsätzliches Bewegungsprinzip, auf dem jegliche Bewegung beruht. Die Muskulatur arbeitet nach dem Prinip der Anspannung (Kontraktion) und Erschlaffung (Entspannung, Relaxation). Die Arbeitsweise der Muskulatur bewirkt, daß jede Muskelfaser maximal kontrahiert oder erschlafft. Groß- bzw. kleinmotorische Bewegungen kommen nur durch den geringeren oder größeren Anteil an beteiligter Muskulatur zustande. Feine, fließende – ausdrucksvolle Bewegungen, die in Gymnastik und Tanz bestimmend sind, verlangen ein differenziertes Wechselspiel von Spannung und Lösung. Die Art und Weise des Wechselns, z. B. plötzliches, abruptes Spannen – allmähliches Lösen oder umgekehrt, langsam steigernde Anspannung – plötzliches Lösen und die unendlichen Nuancen, die dazwischen liegen können, machen den Charakter sowie die Ausdrucksqualität einer Bewegung aus (48).
- **Spezifisch-jazzartige Ausdrucksweisen** werden erreicht durch rasch wechselnden Spannungszustand (aus schwingender Armbewegung in straffer Endposition stoppen und sofort wieder in fließende Bewegung führen) oder durch Teilspannung und -lösung gleichzeitig (z. B. die rechte Körperseite ist bis zu den Fingerspitzen – Arm in Hochhalte – gespannt, die linke Seite in Knie, Hüfte und Arm sowie der seitlichen Kopfhaltung gelöst (relaxed). Der Jazztanz lebt wie kein anderer Tanzbereich von nuancierten Spannungswechseln und Gegensätzen, die zwischen locker, lässig, verspielt oder stakkatoartig, abrupt, straff, fließendweich oder katzenartig-geschmeidig sein können. Innerhalb des Jazztanzes können verschiedene Stilrichtungen an der Ausdrucksqualität unterschieden werden (Afro-Jazz, Discostil, Modern Dance, südamerikanische Tanzstile). Differenziertere Ausdrucksqualität prägen letztlich auch jeden Tänzer individuell.
- Stilprägend für den **Afro-Jazz** sind beispielsweise Federn und Schwingen, die vom Pendelschwingen über wippende und federnde Bewegungen bis zum Schütteln und zur Vibration gesteigert werden können. Diese Bewegungen bleiben nicht wie in der Gymnastik auf Füße, Beine und Arme beschränkt, sondern beziehen Schulter-, Becken-, Brustkorb- und Kopfbewegungen mit ein. Auf diese Weise entsteht ein **Swinggefühl,** das für Jazzmusiker und Jazztänzer wesentlich ist.

Elemente des **klassischen Balletts** zeigen sich u. a. in ausgedrehter Beinposition, Heben in den Ballenstand, hohem, gestrecktem Beinheben, einbeinigen Ständen und Mehrfachdrehungen. Sie bilden durch die Leichtigkeit einen spannungsreichen Gegensatz zur schwarzen Jazzbewegung und erfordern eine grundlegende Ballettausbildung. Da die meisten professionellen Lehrer des Jazztanzes vom klassischen Tanz kommen,

48

49

hat vor allem die Trainingsweise von hier Anleihen übernommen, z. B. Exercises an der Ballettstange.

- Anstelle einer Ballettausbildung sollte für den Sporttänzer eine fundierte **gymnastische Ausbildung** treten.
- Ein weiteres Ausdruckselement des Jazztanzes kommt aus dem amerikanischen **Modern Dance:** Das Bewegungsprinzip heißt Contraction-Release und bezeichnet eine leicht gerundete, bzw. überstreckte Körperstellung, die durch Anspannung der Bauch-, Becken- und Brustkorbmuskulatur zustande kommt und einen Ausdruck von »Öffnen und Schließen« bewirkt.
- **Elemente des Modern Jazz** wie Falls-Levels zeigen diese Verbindung. Der moderne Tanz entdeckte den Boden als tiefe Ebene des Tanzes (Graham-Technik). Fall bedeutet fallende Bewegung auf den Boden, weiterbewegen auf dem Boden über verschiedene Knie-, Sitz- und Liegepositionen wieder zum Stand. »Level« heißt Ebene und bedeutet in tiefen und halbtiefen Ebenen zu tanzen. Boden-Levels kommen allerdings auch im schwarz-afrikanischen Tanz vor und haben so eine doppelte Bedeutung im Jazztanz.

50

Zur Methodik der Jazzgymnastik und des Jazztanzes

Im Hinblick auf Gesundheit, Freizeit, Erholung und Leistungssteigerung erscheinen Methoden notwendig, die diesen Zielsetzungen entsprechen und den Bedürfnissen und Wünschen unterschiedlicher Adressaten entgegenkommen. Für den Jazz als Freizeit- und Laientanzbewegung, wie er sich heute im Breiten- und Freizeitsport entwickelt hat, sollte der Unterricht abwechslungsreich, freudebetont, jedoch auch zielgerichtet und planvoll über einen längeren Zeitraum (ein halbes bis ein Jahr und länger) aufgebaut sein. Hierbei folgt jede einzelne Übungsstunde im Prinzip demselben Aufbau, nachdem auch langfristig vorgegangen werden kann. Er ist durch Lernstufen (Lernziele) gekennzeichnet:

1. Lernstufe: Improvisation
Improvisieren und freies Bewegen ohne Voraussetzungen an Jazztechniken durch Bewegungs- und Kommunikationsaufgaben

2. Lernstufe: Technik
Sammeln von Bewegungserfahrungen und Entdecken vielfältiger Möglichkeiten durch gezielte Aufgaben sowie Bewußtmachen jazzspezifischer Tanztechniken und systematisches Üben

3. Lernstufe: Gestaltung
Variieren und Kombinieren von Bewegungsmotiven aufgrund erworbener Bewegungstechniken sowie Erarbeiten und Gestalten von Schrittkombinationen und Bewegungsstudien (Choreographie, Komposition) in Einzel-, Partner- und Gruppenarbeit unter Berücksichtigung verschiedener Stilrichtungen und Ausdrucksformen des Jazztanzes.

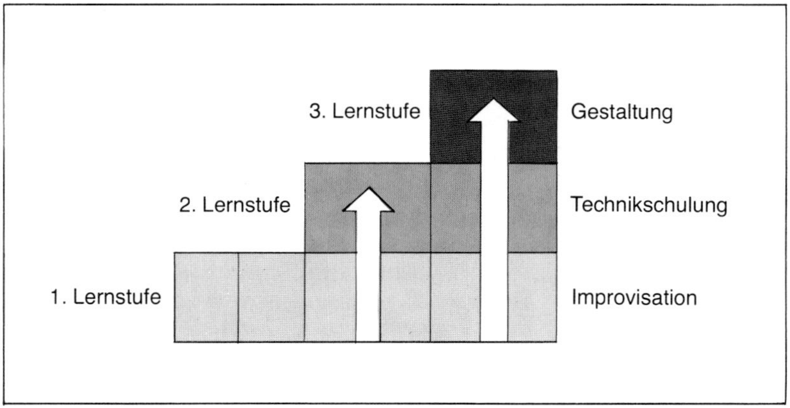

Zur Improvisation in Jazzgymnastik und Jazztanz (1. Lernstufe)

Improvisation bedeutet nicht zielloses Herumprobieren, sondern innerhalb eines abgesteckten Rahmens, einer Aufgabe, eines Bewegungsthemas oder eines vorgegebenen Rhythmus sich spielerisch, entdeckend in spontaner Bewegung zu äußern. Hierbei sollen Erfahrungen im Hinblick auf Raum, Rhythmus, Partner oder Gruppe durch vielfältige Bewegungsmöglichkeiten gesammelt werden. Diese Einstiegs-Improvisation ist noch nicht an bestimmte Bewegungstechniken und Könnensstufen des Jazz gebunden, kann also von jedem in individueller Weise entsprechend seines Bewegungskönnens gelöst werden. Improvisationsaufgaben, die spielerischen und kommunikativen Charakter haben (Spiel- und Kommunikationsaufgaben) verfolgen folgende Ziele:

- Einstimmung und Erwärmung zum Unterrichtseinstieg
- Kontakte (zunächst flüchtig) mit anderen Teilnehmern
- störende Hemmfaktoren abbauen (z. B. Gefühle der Unsicherheit)
- Freude am Bewegen und Sich-Ausdrücken finden, ohne besondere Erwartungen bezüglich Stil, Technik und Können erfüllen zu müssen
- Ideen kommen lassen, aufgreifen und mit ihnen spielen und experimentieren
- den Körper auf nachfolgende Technikschulung vorbereiten
- grundlegende Erfahrung in bezug auf den Jazztanz sammeln. Die Aufgaben selbst verlocken bereits zu jazzartiger Bewegung.

Beispiele zur 1. Lernstufe: Figurenwerfen mit einem Partner
Aufgabe:
Einer faßt seinen Partner mit beiden Händen an einem Arm und dreht ihn erst langsam, dann schneller werdend um sich, bis er ihn schließlich losläßt, bzw. ihm

einen Schwung in eine beliebige Richtung mitgibt. Dieser fängt den Schwung trudelnd ab und kommt in eine teils zufällige, teils gewollte Stellung oder Lage, fixiert zu einer Figur, einem Standbild. Die Aufgabe wird mehrmals wiederholt und die Rolle gewechselt, auch so, daß der Werfer nicht zu seinem bisherigen Partner geht, sondern sich einen anderen in einer »Figur« stehenden Partner sucht (Partnerwechsel).

Fortsetzung mit Variationen:

- Der Werfer übernimmt dieselbe Stellung wie die »Figur« (Schulung des formalen Bewegungssehens).
- Die erstarrte Figur wird durch Antippen (leichte Berührung) einzelner Körperteile nacheinander (z. B. Kopf, Hüfte, Fuß, Knie) in Bewegung gesetzt. Hierbei werden spielerisch Erfahrungen gesammelt, wie sich einzelne Körperteile bedingt durch ihre anatomischen Gegebenheiten und Gelenkmechanismen bewegen können. Es werden gleichzeitig koordinative Fähigkeiten geübt.
- Der Partner ist nun aufgefordert, sich in die Stellung der »Figur« zu begeben und dessen Bewegungen nachzuvollziehen (genaues Beobachten und sich in die Fremdbewegung des Partners einfügen).

Figurenwerfen als Gruppenspiel

Aufgabe:

Ein Werfer wirft nun wie vorne beschrieben mehrere Teilnehmer zu einer Gruppenfigur zusammen, wobei das Werfen und Abbremsen des Schwunges etwas dosierter geschehen muß, um Verletzungen zu vermeiden und die »Skulptur« nicht umzuwerfen (51).

51

Fortsetzung und Variationen:

- Anschließend kann die Gruppe in Gang (Bewegung) gesetzt werden durch Führen einzelner Körperteile (durch den Werfer).
- Oder die Gruppe beginnt sich selbst zu bewegen, mit Körperkontakt zueinander, langsam hoch-tief oder auch im Raum fortzubewegen (einfügen in Gruppenbewegungen, nonverbale Verständigung, Darstellungsideen entwickeln und ausprägen).
- Anstatt des Figurenwerfens können die Figuren auch von einem »Künstler« gestellt bzw. geformt werden (Thema: »Künstler und Modell«). Nicht der Zufall allein bestimmt dann das Entstehen der Form, sondern Vorstellungen werden am Partner umgesetzt und selbst wieder übernommen.
- Das »Modell« kann sich auch bewegen oder in Bewegung gebracht werden.
- Erfahrungen aus diesem gemeinsamen Handeln werden im Gruppengespräch vertieft und tragen zu Verbesserungsvorschlägen und weiteren Spielideen bei.
- Die Musik hat bei diesem Thema eher stimulierende, weniger rhythmisch ordnende Funktionen.

Von der Improvisation zur Komposition

Auf dem Weg über die Improvisation werden Tanzmotive erarbeitet und durch Wiederholen, Verbessern und Zusammenfügen zur Komposition und damit zur durchgestalteten, wiederholbaren Choreographie entwickelt. Dieser Weg von der Improvisation zur Komposition setzt Grundtechniken und gestalterische Erfahrung voraus und verläuft über das Suchen, Ausprobieren, Finden, Festhalten, Wiederholen, Üben, Verändern, Zusammenfügen, Überarbeiten und Verbessern.

Zur schrittweisen Erarbeitung der Bewegungstechniken im Jazz (2. Lernstufe)

Die Bewegungstechniken des Jazz können nur schrittweise über einen längeren Zeitraum erarbeitet werden. Sie erfordern regelmäßiges, stufenweise aufgebautes Üben:
Vom leichten zum Schweren, vom Bekannten zum Unbekannten, von Einzeltechniken zu koordinierten Bewegungsformen.
Die eigentlich neue, nicht aus unserem Kulturbereich stammende Jazztechnik ist die **Isolationstechnik,** die als schwarz-afrikanische Bewegungsweise den Jazz wesentlich geprägt hat. Wir erkennen dies als einen bedeutungsvollen Beitrag des afrikanischen Erdteils an der heutigen Musik- und Bewegungskultur (GÜNTHER). Isolationstechnik bedeutet die Fähigkeit, die Körperzentren Kopf, Schultern, Arme und Hände sowie Brustkorb, Becken, Beine und Füße unabhängig, d. h. isoliert bewegen zu können. Hierbei wird ein hohes Maß an Gelenksbeweglichkeit verlangt und geschult. Wie das vorherige Beispiel zeigte, können isolierte Körperbewegungen zunächst spielerisch abgerufen werden. Nachfolgend werden systematisch alle Bewegungsmöglichkeiten eines Körperteiles in seinem Gelenksystem ausprobiert und geübt. Hierbei kommt der Wirbelsäule in ihren Abschnitten Hals-, Brust- und Lendenwirbelsäule besondere Aufmerksamkeit zu. Später werden die Isolationsbewegungen durch komplex aufgebaute Übungsverbindungen programmartig geübt und verbessert.
Das technische Üben erfolgt zunächst an einzelnen Zentren auch in verschiedenen Ausgangslagen wie Bauch-, Rücken-, Seitenlage, verschiedene Sitzarten und in Fortbewegung. Diese Vorgehensweise soll am Beispiel einer **Übungsfolge für den Schultergürtel** erläutert werden:

1. In Rückenlage: die Schultern liegen entspannt am Boden, ebenso liegen die Arme seitlich neben dem Körper.
   - Probieren, welche Bewegungen im Liegen mit den Schultern möglich sind
   - Die Schultern nach vorne in Richtung Decke heben und entspannt fallen lassen, dasselbe wechselseitig mit der rechten und linken Schulter
   - Beide Schulterbewegungen zum Halbkreis über vorn, parallel und gegengleich sowie nacheinander verbinden.
2. Im Langsitz und Fersensitz: mit einem Partner weitere Möglichkeiten suchen, z. B. einer zeigt eine Bewegung, der Partner übt sie mit; Wechsel.
   Die Partnerarbeit hat den Vorteil, daß jeder beobachtet und korrigiert wird, es bereitet mehr Spaß mit Partnerkontakt (Blickkontakt) zu üben und es macht allmählich unabhängig vom Lehrer.
3. Im Stand:
   - Schultern heben und senken, dabei z. B. wechselnd Kniebeugen und strecken
   - Schulterhalbkreis über vorn mit Ausfallschritt vor- und rückwärts mit Rückstellen des Schrittbeines
   - Schulterkreisen mit Rückkreuzen und Tiefgehen, dabei langsam tief-hochbewegen und mehrmaliges Schulterkreisen (Multiplikation, d. h. vervielfältigen einer Bewegung, während die andere langsam verläuft).
4. In der Fortbewegung: Schritte vorwärts mit verschiedenen Schulterbewegungen, die Übenden sollen selber Koordinationen finden (Bewegungsaufgabe), z. B.:
   - Schultern rasch heben und senken zum Federn der Füße
   - Schultern heben und senken mit wechselndem Tief-Hoch beim Gehen, in Parallel- und Gegenbewegung
   - Schulter in Gegenbewegung zum angehobenen Knie führen (rechte Schulter führt zum linken Knie).

Auf diese Weise werden bereits Tanzformen entwickelt, mit Musik geübt und das Bewegungsrepertoire im Hinblick auf Kombinationen und Kompositionen erweitert.

Üben in Verbindung mit anderen Bewegungszentren (Polyzentrik)

Das Zusammenspiel mit anderen Körperzentren, z. B. Knie, Fuß, Bekken und Brustkorb führt zu jazzgemäßer Polyzentrik. Diese Mehrfachkoordinationen fallen uns in der Regel schwerer, so daß zunächst nur zwei Zentren (z. B. Schultern und Beine, Schultern und Becken) miteinander koordiniert werden. Es folgen schrittweise drei und wenn möglich mehr koordinierte Zentren. Das Üben läßt viele Variations- und Kombinationsmöglichkeiten zu. Dabei wird die erlernte Schultertechnik sofort in Schritt- bzw. Tanzmotiven angewendet. Technikschulung und Tanz greifen eng ineinander und sind nicht nur nacheinander möglich. Durch die eigene innere Anteilnahme, das Selbstfinden und Üben wird das Bewegungsgefühl und die Lernfähigkeit fortschreitend verbessert.

52

Kombination (Adagio, Etüde, Studie)

Mehrere Bewegungsmotive können bereits zu einer kurzen Kombination verbunden werden. Sie schulen das Bewegungsgedächtnis und die Flexibilität in Anpassung an Musik, Partner und Gruppe. Bei Jazzkursen werden solche Kombinationen häufig vorgegeben. Im Nachvollzug können Bewegungstempo, höhere Schwierigkeiten und stilistische Eigenheiten mit erworben werden. Auch im Jazztanz kann sich ein eigener Stil erst durch die Aufnahme vieler anderer Richtungen ausprägen. Es ist daher notwendig, auch durch vorgegebene Tanzformen zu lernen.
Kurzkombinationen können mit dem musikalischen Begriff **Etüde** bezeichnet werden was **Übungsstück** bedeutet. **Adagio** ist ein langsames, (nach getragener Musik) auf bestimmte technische Elemente (z. B. Bodenelemente) abgestimmtes Übungsstück (52). Diese Übungsstücke lassen das Üben in Zusammenhängen zu und tragen schon tänzerischen Charakter. Sie sollten daher mit Gefühl und Ausdruck getanzt und nicht nur mechanisch absolviert werden. Der Übergang vom technischen Üben zum ausdrucksvollen Tanzen hat hier bereits seinen Ausgang und gehört von Anfang an in jeden Unterricht. Als Studie bezeichnen wir ein Übungsstück, an dem mehrere technische Probleme für den Körper »studiert« d. h. erfühlt, getanzt und automatisiert werden können. Z. B. verschiedene Drehmöglichkeiten werden in einer »Dreh-Studie« verarbeitet.
Die Leitidee heißt hier: **Tanzen lernen durch Tanzen!**

Gestaltung: Komposition, Tanz, Choreographie (3. Lernstufe)

Die Weiterentwicklung zu einer Tanzstudie oder Choreographie benötigt mehr Zeit, klare Vorstellungen von der Idee des Tanzes, eine passende Musik und die gemeinsame kompositorische Arbeit von Gruppenleiterin und den Teilnehmern.
Unter Choreographie bzw. Komposition wird eine fertige Tanzgestaltung verstanden, die als Jazztanz bezeichnet bestimmte Kriterien erfüllen muß.
Eine Gruppe, die im Block steht und während des gesamten Ablaufs keine räumlichen Veränderungen innerhalb der Gruppe vornimmt, hat bestenfalls eine Jazzgymnastikfolge, jedoch keinen Jazztanz geboten.

Zur **Choreographie** gehört eine differenzierte Raumgestaltung, indem z. B. zwei bis drei Gruppen sich in unterschiedlichen Raumrichtungen zueinander bewegen, sich durchkreuzen, zusammenkommen, sich in unterschiedliche Levels und in kontrastierenden Bewegungsmotiven oder in wechselndem Tempo bewegen. Kurz verharrende Momente wechseln mit raschem Bewegungstempo, Überraschungseffekte durch Sprünge, Falls, plötzliche Wendungen u. a. sind typisch für Jazzchoreographie. Auch durch klare Blickrichtung und Ausdrucksstärke jedes einzelnen Tänzers wird ein Tanz erst lebendig. Jazztanz darf nicht uniformieren, sondern soll individualisieren. In dem skizzierten Lehrweg gehen Improvisation, Technikschulung und Tanzgestaltung auseinander hervor, durchdringen sich und stellen eine tragfähige, erprobte, langfristig erfolgversprechende Arbeitsweise dar.

Aspekte bei der Auswahl von Jazz- und Popmusik (nach Helmi Vent)

In der Gymnastik- und Tanzpraxis werden sehr häufig Bewegungsabläufe aus dem Jazztanz mit Popmusik in Verbindung gebracht. Die Bevorzugung von Pop- anstelle Jazzmusik liegt wohl darin begründet, daß Popmusik einfacher strukturiert ist und daher an den Bewegenden keine allzu hohen Anforderungen bezüglich einer Bewegungsumsetzung stellt. Popmusik hat viele charakteristische, insbesondere rhythmische Elemente des Jazztanzes übernommen, »populär« gemacht, wie der Name sagt, sie damit auch abgenützt bzw. verwässert. Daher sollte trotz möglicher Stimulierungs- und Motivationseffekte bei der Auswahl von Popmusikstücken mit bedacht werden, daß eintönige, kompositorische Mittel, z. B. rhythmisch-melodische Klischees in Form von unaufhörlichen, monotonen Ostinati (festehende rhythmische oder melodische Figuren), gleichbleibende

53

Tonstärke, Tonlage, Klangfarben usw. auch abstumpfen können.
Bei der Zielsetzung »Gestaltung« sollte man grundsätzlich darauf achten, daß das ausgewählte Musikbeispiel nicht über die ganze Länge den u. U. verfestigten eigenen Hörgewohnheiten entgegenkommt, sondern einem zumindest hin und wieder auch unvorhergesehene, überraschende Impulse »zuspielt«.
Was vielen Stücken aus der Pop-Gattung fehlt (fehlen muß, sonst würden sie nicht populär), macht den Jazz zu dem was er ist: das Erwartete erscheint an unerwarteter Stelle, folgt später, wird vorweggenommen, erscheint in anderer Art oder entfällt ganz.
Neben Pop- und Jazzmusik können afrikanische und südamerikanische Trommelrhythmen, verjazzte Klassik und elektronische Synthesizerklänge als athmosphärische Musik in den Unterricht einbezogen werden.

54

Für die Jazzbewegung sollte nicht das zweckhafte Tun im Vordergrund stehen, sondern vielmehr die Freude am Entdecken neuer Bewegungs- und Koordinationsmöglichkeiten sowie an persönlicher und jazzspezifischer Ausdruckshaftigkeit. Nicht nur passives Hinnehmen, sondern aktives Erleben und Mitgestalten moderner Rhythmen schafft die Möglichkeit einer persönlichen Ausprägung des Bewegungsgefühls und -stiles. Nur so kann Jazztanz immer wieder neu entstehen und eine zeitgemäße, lebendige Tanzkunst bleiben.

Tanz

»Soviel Schriften über Tanz, soviel verschiedene Versuche, ihn zu definieren. Die Sprache ist zu arm und der Tanzgehalt zu reich, um ihn in einer Metapher fassen zu können«. Dieser Satz der Tanzpädagogin DOROTHEE GÜNTHER zeigt die Schwierigkeit auf, Tanz und Tanzen mit wenigen Worten zu definieren, ihn überhaupt klar einzugrenzen, da die Erscheinungsformen des Tanzes äußerst vielfältig sind. Tanz ist wie Schrift, Sprache, Musik und bildende Kunst eine menschliche Ausdrucksform.

Tanz reicht vom einfachen, rhythmisch wiederholten Schritt bis zur kunstvoll gestalteten Bewegung, vom Einzeltanz bis zur tanzenden Gruppe, von festgelegten, überlieferten Formen bis zur freien, individuellen Ausführung, vom Volkstanz bis zum Gesellschaftstanz und zum Bühnentanz mit den unterschiedlichsten Stilrichtungen.

Tanz wird auch immer mitbestimmt durch die Gesellschaft, ihre Verhaltensweisen und ihr Kulturverständnis.

Tanzen geschieht in Auseinandersetzung mit Rhythmus, Raum, Dynamik, Form, Partner, Gruppe und Objekt. Wesentlich beim Tanz ist auch der Erlebniswert. Tanzen erschöpft sich nicht im mechanischen Nachvollziehen von Schritten oder Schrittkombinationen. Tanz kann Ausdruck eines Gefühlszustandes sein oder man kann sich hineintanzen in einen Zustand, der bis zur Ekstase führen kann (z. B. Drehtänze der Derwische). Die Impulse zum Tanz sind unterschiedlichster Art. Sie können durch Anstöße von außen erfolgen oder von innen kommend wirken.

Die Grenzen zwischen Tanz und Gymnastik sind fließend.

Ein unterschiedlicher Akzent besteht darin, daß z. B. bei der Gymnastik verstärkt die Funktionalität im Vordergrund steht und beim Tanz mehr die Darstellungsabsicht.

Impuls Neugierde: welche Möglichkeiten des Beugens, Streckens, Drehens gibt es, wie kann z. B. die Hand bewegt werden, welche Bewegungsmöglichkeiten haben die Beine, wie langsam, wie schnell kann man sich bewegen.

Impuls Rhythmen, Musik: ausgelöst durch Rhythmen, die in Empfindungen ihren Ursprung haben, oder von außen herangetragen werden, bewegt man sich. Den gleichen Ansatz kann Musik geben, die besonders anspricht und zum Tanzen motiviert.

Impuls Vorstellungen, Bilder: durch bildhafte Vorstellungen gibt der Körper in der Bewegung der Phantasie Ausdruck.

Impuls Objekt oder Handgeräte: Tücher, Luftballons, Folien oder Seile, Zauberschnüre, Stäbe usw. können dazu anregen, sich mit ihnen tanzend auseinanderzusetzen.

Impuls Tänze lernen: festgelegte Tanzformen, z. B. aus dem Bereich der Folklore der verschiedendsten Länder, möchten erlernt, nachempfunden, nachgetanzt werden, das gleiche gilt auch für Tanzformen aus dem Bereich Poptanz.

Ziele des Tanzes

(Die in der Auflistung gewählte Reihenfolge stellt keine Wertung dar).

- Schulung rhythmischen Bewegungsverhaltens in Auseinandersetzung mit Raum, Dynamik, Form
- Kennenlernen und Finden vieler verschiedener Formen und Möglichkeiten von Bewegungsabläufen und deren Variationen
- Entwicklung und Verbesserung der Bewegungsqualität

- Anregung zum eigenschöpferischen Tun, zu Spontaneität und Freude am Spiel mit der Bewegung
- Schulung sozialen Verhaltens (Einstellung, Anpassung an Partner und Gruppe), Kontaktfähigkeit
- Schulung von Konzentration, Reaktion, Gedächtnisfähigkeit
- Abbau von Bewegungshemmungen
- Anregung zum Spiel und Umgang mit Objekten und Materialien.

Diese Zielsetzungen können nur realisiert werden, wenn man sie beharrlich und konsequent über einen längeren Zeitraum verfolgt. Von diesen Fortschritten aber werden die Voraussetzungen und Möglichkeiten für Tanz und den Tanzenden entscheidend geprägt.

Grundlagen und Voraussetzungen für den Tanz

Um tanzen zu können, sind bei den Übenden gewisse Grundlagen notwendig:

- Akzeptieren der eigenen körperlichen und derzeitigen Bewegungsmöglichkeiten
- Aufgeschlossenheit
- Neugierverhalten (siehe Tanzimpulse)
- Wahrnehmungsfähigkeit
- Sensibilität
- Überwindung von Hemmungen
- Spontaneität.

Probleme im Tanzunterricht

Probleme im Tanzunterricht ergeben sich häufig aus der Umkehrung dieser Grundlagen bzw. bei Nichtvorhandensein.
Die Ursachen hierfür können unterschiedlicher Art sein:
Hemmungen

- in der Bewegung;
  Bewegungen sind nicht ausgeprägt, bleiben in Ansätzen stecken
- im Verhalten zum Partner;
  Scheu vor Kontakten durch Blick oder Körperberührung
- in der Ausnutzung der räumlichen Möglichkeiten
- sich frei zu äußern in der Bewegung; »sieht das noch gut aus oder schön, wie ich mich bewege«.

Ursachen inaktiven Verhaltens können auch darin begründet liegen, daß der Teilnehmer zu wenig kreatives und kommunikatives Verhalten geübt hat, daß es an Körperwahrnehmung und -erfahrung mangelt, daß eine Unsicherheit des eigenen Könnens besteht, daß es an Bewegungseinfällen fehlt. Aufgabe des Übungsleiters ist es, u. a. diese Ursache zu beseitigen.
Dazu benötigt auch er bestimmte Voraussetzungen und besonderes Wissen:

- über didaktische Grundsätze; was wird warum angeboten
- über methodische Maßnahmen; wie erreiche ich mein Ziel
- eigene Tanzerfahrung und kreative Bewegungsfähigkeit
- Kenntnis über das jeweils zu unterrichtende Tanzgebiet.

Tanzformen

Folklore, Jazztanz, moderne Tanzformen mit Elementen des Beat-, Disco-, Rock 'n' Roll-Tanzes und das Tanzspiel haben in den Vereinsgruppen hauptsächlich ihren Platz. Leider ist festzustellen, daß es selten gemischte Gruppen von Männern und Frauen gibt, sondern vielmehr reine Mädchen- oder Frauengruppen.

Moderne Tanzformen

Moderne Tanzformen umfassen häufig eine Verbindung von Jazztanz, Beat- und Disco-Tanz (zusammengefaßt unter dem Begriff Poptanz). Jazz- und Poptänze haben einen afro-amerikanischen Ursprung. Während die Poptänze eher »binnen-körperlich« getanzt werden (u. a. wegen wenig Platz in den Discos) kennzeichnen Modern Dance die räumliche Bewegung, Falls und Levels, die die modernen Tanzformen beeinflussen.
Bei den Poptänzen entwickelten sich bestimmte Techniken, Schrittmuster und Tänze, wie z. B. La Bamba, Twist, Hully-Gully, Hustle, Bump usw.

Einige Grundbewegungen des Poptanzes

Step – belasteter Schritt
Tap – unbelastetes Auftippen in alle Bewegungsrichtungen
Hip lift – Anhebung einer Hüfte
Soul hip – die Hüfte wird vor dem Schritt bewegt (55)

Latin hip – die Hüfte wird nach dem Schritt eingesetzt, z. B. rechte Hüfte nach rechts, linkes Bein seitwärts setzen

Knee raise – Knie heben (56)

Shingeling – 3 Soul hip (z. B. rechts links, rechts, 1 Knee raise vor links)

Tighten up – z. B. linker Fuß kreuzt vor rechts, rechts Tap diagonal seitwärts, dazu Soul hip, rechter Fuß kreuzt hinter linken, dazu zweimal Soul hip, links, rechts, linken Fuß diagonal rückwärts, dazu Soul hip links

Funky – Becken vorwärts und rückwärts kippen, auch mit Tief-Hochbewegung

Horse – rechts belasten, linke Hüfte seitwärts, linkes Bein gestreckt, rechtes Bein gebeugt, linker Arm vorwärts, rechter Arm zurück, Kopf links seitwärts gebeugt (57)

Bei den Poptänzen steht verstärkt die Musik als auslösendes Moment zur Bewegung im Vordergrund, wobei die ausgewählten Stücke der Popmusik, die Variationen zulassen, motivierender sind als die eintönige Gleichförmigkeit, die vielen Popmusiken eigen ist. Sehr häufig werden folgende Einwände gegen diese Art des Tanzes erhoben:

- Zu stark gleichförmig akzentuierte Musik, da oft gespielt und gehört, »abgeleiert«, es fehlt die Motivation, sich spontan zu bewegen.

55

56

- Beziehungsloses Nebeneinandertanzen, jeder tanzt für sich. Das Einüben der Tänze erfolgt nur durch Vormachen. Nachmachen, ohne Möglichkeit der eigenen Interpretation. Um diesen Einwänden entgegenzuwirken, kommt es sehr darauf an, welche Musikauswahl getroffen wird und welche Lehrweise der Vermittlung und Zielsetzung der Übungsleiter und die Gruppe haben.

Zur Musikauswahl

bei der Musikauswahl sind zunächst Alter und Anspruchsniveau der Gruppe zu berücksichtigen. Bei dem Gruppenwettbewerb »Gymnastik und Tanz« des Deutschen Turner-Bundes wird immer wieder festgestellt, daß sehr anspruchsvolle Musik gewählt wird, die Teilnehmer aber nicht in der Lage sind, sie entsprechend bewegungsmäßig zu interpretieren oder die Musik stark vordergründig eingesetzt wird. Musik und Bewegung sollen eine Einheit darstellen.

Wird an einer modernen Tanzform gearbeitet, heißt das nicht, daß durchgängig nur die für diesen Tanz ausgewählte Musik eingesetzt werden muß. Günstiger ist es, verschiedene Musikstücke vor allem in der Vorbereitungsphase einzusetzen, da sonst die Gefahr der Eintönigkeit besteht.

Im Hinblick auf eine feststehende Tanzform sind zu berücksichtigen:

- Auftakt, Steigerung, Ausklang
- Verschiedene Motive, Melodiebögen und deren Wiederholungen.

57

Didaktisch-methodische Vorüberlegungen

Die Methode ist Helferin zum Erreichen eines Zieles, das heißt, sie ist auch abhängig vom Ziel. Der Tanzunterricht kann produkt- oder prozeßorientiert aufgebaut sein.
Produktorientiert: Am Ende der Stunde steht ein fertiger Tanz bzw. eine fest vorgeplante Schrittfolge, das Produkt, wobei der direkte, kürzeste Weg in der Auswahl der Methode selten der pädagogisch wertvollste ist.
Prozeßorientiert: Am Ende der Übungseinheit steht keine abrufbare, sich wiederholende Schrittfolge fest, sondern im Vordergrund dieser Arbeitsweise stehen das Erlebnis der Übenden, ihre Eigenaktivität und -erfahrung, kommunikative Aspekte im Vordergrund.
Es ist sinnvoll, eine Mischung beider Formen und Möglichkeiten zu wählen, mit unterschiedlicher Schwerpunktsetzung.

Lehrweisen im Unterricht

Imitativ: ist begrenzt auf Vormachen bei der Vermittlung der Bewegungsvorstellung und Nachvollziehen.
Kreativ: läuft über die Improvisation, die Eigenaktivität der Teilnehmer steht im Vordergrund.
Mischformen werden wieder je nach Ziel des Unterrichts auftreten.

Improvisation

Der Bewegungsaufgabe, die Raum läßt zu individuellen Lösungsmöglichkeiten, kommt eine wichtige Bedeutung zu. Durch die Bewegungsaufgabe findet die Improvisation nicht in einem „totalen Freiraum" statt, sondern ist eingebunden in eine Aufgabe, z. B. »Hinlegen und Aufstehen«. Jeder hat die Freiheit, nach seinen Fähigkeiten diese Aufgabe zu lösen, um nach Möglichkeiten der Durchführung zu suchen und dabei mit sich und seinem Körper zu experimentieren.
Je weiter und offener die Bewegungsaufgabe gefaßt ist, um so schwieriger die Lösungsmöglichkeiten, da ein großer Freiraum gegeben wird. Diesen Freiraum durch Bewegungen auszufüllen, fällt vor allem Ungeübten und Laien oftmals schwer, wie z. B. bei der Aufgabe »Bewegt euch zu dieser Musik«.
Gibt die Bewegungsaufgabe einen engen Rahmen vor, bekommt der Übende eine größere Orientierungshilfe und ist zur Entwicklung und Entfaltung der Bewegungsphantasie zu dem bestimmten Thema gezwungen. Aufgabe des Übungsleiters ist es, Ansätze zu verstärken, zu lenken und weiter zu entwickeln.
Die Improvisation kann ein Spiel mit Einfällen bleiben, kann aber auch Ansatzpunkt für eine Gestaltung sein.

Mögliche Einteilung eines Stundenbildes

1. Erwärmungsphase, die aber auch als Einstimmung der Teilnehmer und zur Kontaktaufnahme gedacht sein soll.
2. Technikschulung, die in direktem Zusammenhang mit dem nachfolgenden Thema stehen sollte. Durch die Technikschulung soll den Teilnehmern das Gefühl für Bewegungsansätze und -abläufe vermittelt werden. Es kommt nicht auf die Vielzahl verschiedenster Übungen an. Besser ist es, wenig Übungen zu wählen, sie zu entwickeln, zu erweitern und dem Übenden Zeit zu lassen, Bewegungsansätze zu erspüren und zu erfahren.
3. Einführung, Festigung, Weiterentwicklung der Tanzform: Auch hier sollte nicht die Qualität der Schrittkombinationen an erster Stelle stehen, sondern das Sammeln und Anwenden von Erfahrungen aus den Bereichen Rhythmus, Dynamik, Raum, Form, Partner und Gruppe.

Bei dem folgenden Beispiel zur Entwicklung eines Tanzes sollen Hilfen gegeben werden, wie man über das Finden, Erlernen, Verändern und Erleben vielfältiger Bewegungen zu einer vorgegebenen Tanzform nach Rhythmen moderner Musik kommen kann.

Beispiel
Tanzbeschreibung zu »You drive me Crazy« von Shakin Stevens

Takt 1
1–4 rechts aufsetzen, links kick vorwärts, links neben rechts aufsetzen, rechts belasten, links belasten

Takt 2
5–8 Wiederholung von Takt 1

Takt 3
1–4 rechts seitwärts, links ran, rechts seitwärts, links tap neben rechts

Takt 4
5–8 Wiederholung von Takt 3 gegengleich

Takt 5

1–2	rechts seitwärts, links ran, rechts seitwärts,
3	$^1/_2$-Drehung rechts, dabei links seitwärts setzen
4	rechts belasten

Takt 6

5–6	$^1/_2$-Drehung links, links seitwärts, rechts ran, links seitwärts,
7	$^1/_2$-Drehung links, dabei rechts seitwärts setzen
8	links belasten

Takt 7

1	$^1/_2$-Drehung rechts, rechts aufsetzen
2	links seitwärts tap
3–4	links aufsetzen, rechts seitwärts tap

Takt 8

5–8	$^1/_1$-Drehung rechts, (eng am Platz in der Tiefe oder Höhe, in der Partnerform, rechtes Bein über vorne schwingen, Partner dabei die Drehung in der Tiefe).

Beispiel zur Entwicklung des Tanzes

1. Im Schneidersitz auf dem Boden sitzen, Aufnehmen des Rhythmus: lang, lang, kurz, kurz, kurz, durch Klatschen in die Hände, auf die Beine, durch Trommeln auf den Boden (58).
2. Den Rhythmus klatschen, trommeln, und dabei ständig die Position verändern.
3. In Kontaktaufnahme mit anderen klatschen und trommeln.
4. Eine Gruppe gibt den Rhythmus vor, die andere Gruppe setzt ihn im Stand durch Bewegung um, Wechsel der Gruppe.
5. Die zweite Betonung des Rhythmus lang, l a n g, kurz, kurz, kurz soll durch Beinbewegungen in der Luft markiert werden (59).
6. Die kurzen Schritte nicht auf der Stelle, sondern jedesmal auf einen anderen Punkt setzen.
7. In Kontaktaufnahme mit anderen (reagieren auf Bewegungsansätze der Partner).
8. Festlegen der ersten Bewegungsfolge des Tanzes, Takt 1 und 2, wobei die Kickbewegung nicht nur vorwärts ausgeführt werden muß.
9. Den Schritt immer in eine neue Richtung tanzen.
10. Vorbereitung von Takt 3 und 4, rechts seitwärts, links ran, rechts seitwärts, links tap neben rechts, gegengleich.
11. Schrittfolge rhythmisch verändern, z. B. rechts seitwärts, links seitwärts, 4 schnelle Schritte seitwärts, auf dem Rückweg Schritte wieder gleichmäßig betonen oder umgekehrt.
12. Auf dem ersten Weg im selben Zeitmaß bleiben, aber schnelle kurze Schritte auf dem Fußballen, auf dem Rückweg seitwärts ran, seitwärts tap.

58

59

60

13. Mit unterschiedlicher Oberkörperhaltung (gerade, gebeugt usw.) (60).
14. In Partnerform vormachen, nachmachen oder auf die Bewegung des Partners gegensätzlich reagieren.
15. Verbinden der beiden Schrittmotive der Takte 1 bis 4.
16. Vorbereiten von Takt 5 bis 6, ein Wechselschritt vorwärts, z. B. rechts, links, rechts, links vorwärts aufsetzen, belasten, Gewicht zurück auf das rechte Bein, dann links, rechts, links, rechts vorwärts setzen, belasten, Gewicht zurück auf linkes Bein.
17. Den Oberkörper runden bei dem Belastungswechsel, den Körper »schwermachen«.
18. Den Belastungswechsel mit $^1/_4$-Drehung ausführen, ein Wech-

selschritt vorwärts, rechts, links, rechts, $^{1}/_{4}$-Drehung rechts, links aufsetzen, Gewicht zurück auf rechts (ohne Drehung), nächster Wechselschritt vorwärts, auf den ersten Schritt $^{1}/_{4}$-Drehung links.

19. Schrittverbindung in der Seitbewegung links, Takt 5 und 6 in der vornestehenden Tanzbeschreibung üben mit Armeinsatz seitwärts nach der $^{1}/_{2}$-Drehung.
20. Zwei Gruppen, Beginn mit den Rücken zueinander, Schrittfolge von Takt 5 und 6 ausführen, eine Gruppe beginnt links, die andere rechts.
21. Vorbereitung der Takte 7 und 8, rechts aufsetzen, links seitwärts unbelastet tap, (mit gestrecktem Bein) gegengleich.
22. Verbinden mit 4 Gehschritten vorwärts.
23. Mit $^{1}/_{4}$-Drehung jeweils mit der Belastung eines Beines (61).
24. Armeinsatz finden lassen.
25. Verbinden mit $^{1}/_{1}$-Drehung in der Höhe oder Tiefe (62).
26. Verbinden mit einem Beinschwung (Kreis über vorne) rechts aufsetzen, links seitwärts, tap, links aufsetzen, rechts seitwärts tap, auf 4 Zählzeiten einen Beinschwung über vorne.

61

62

63

27. In der Partnerform schwingt ein Partner sein Bein über den, der in die Hocke geht oder in der Tiefe $^{1}/_{1}$-Drehung ausführt. (63)
28. Verbinden sämtlicher Teile des Tanzes.

Möglichkeiten der Variation in der Aufstellung:

- Blockaufstellung
- Blick in eine Richtung
- Zwei Gruppen gegenüber
- partnerweise gegenüber.

Durch die gegebenen Anregungen und das Beispiel sollen Hilfen gegeben werden, so daß in und durch die modernen Tanzformen mehr Tanzerlebnis, mehr eigenschöpferisches Tun, mehr Lebendigkeit entwickelt werden kann, und nicht nur ein mechanisches Vormachen/Nachmachen erfolgt. Durch die modernen Tanzformen sollen die Übenden befähigt werden, aus sich heraus zu tanzen, ihre Möglichkeiten zu entdecken, sie bewußt zu machen, zu verbessern und auszuschöpfen.

Folkloretanz

Neben der Bezeichnung »Volkstanz« ist der Begriff »Folkloretanz« im Sprachgebrauch üblich geworden. Volkstänze, geprägt durch Geschichte, Lebensart, Mentalität und Musik eines Volkes bilden die Grundlage einer Tanzkultur. In vielen Ländern wird der Volkstanz als selbstverständliche Lebensäußerung angesehen. Der Weg des Volkstanzes ist eng verknüpft mit der gesellschaftlichen, sozialen und kulturellen Entwicklung eines Volkes und seinen Bedürfnissen. In seinem Ursprung war er Mittler der Religion, des Gottesdienstes und des Kultes. Diese Form hat sich bis heute bei den Naturvölkern gehalten. WALTER SORELL sieht die wesentlichen Merkmale der Tanzform »primitiver« Völker folgendermaßen: »Beim primitiven Menschen ist die Freiheit der Bewegung in sich selbst vollkommen; selbst in Augenblicken der Angst entspringt sein Tanz niemals der Verzweiflung oder einem Gefühl des Versagens. Stets ist das Tanzen ernsthaft, weil religiös im Sinne einer Selbstaussage und deren Mitteilung, und stammes- oder sippenverbunden, weil ein Teil seines Lebens. Für ihn ist Tanzen nie ein oberflächliches Vergnügen; es kommt spontan, niemals ohne Anlaß: Es ist nicht »eine Sache, die man tut«, sondern »die Sache« selbst.« Die unterschiedlichsten Einflüsse wirkten sich auf den Tanz

aus. So bildeten sich z. B. im Mittelalter verstärkt die Tänze des Volkes und der höfischen Gesellschaft heraus (hier ist der Anfang des Gesellschaftstanzes zu finden).
Vom Ursprung her können Volkstänze in verschiedene Gruppierungen eingeteilt werden. (Die Gliederung orientiert sich weitgehend nach HELMI VENT, HELMA DREFKE):

- **Nach Herkunftsland:** z. B. Deutschland, Amerika, Jugoslawien, innerhalb der einzelnen Länder gibt es auch wieder Tanzformen mit regional unterschiedlicher Ausprägung, z. B. Schuhplattler (bayerisch), Tampet (niederdeutsch).
- **Nach Brauchtum, besonderen Ereignissen und Bedeutung:** z. B. Hochzeitstanz, Fastnachtstanz, Totentanz, Kriegs-, Sieges-, Jagdtänze. Bestimmte Formen dieser Tänze sind teilweise oder gänzlich aus einigen Kulturen verschwunden.
- **Nach der Mitnahme von Medien zur Verstärkung der Aussagekraft:** z. B. bei Maskentänzen, Schwerttänzen, Waffentänzen, Tänzen mit Stock und Bändern, oder zur Hervorhebung des Rhythmus mit Kastagnetten oder Tambourin. Auch die Bemalung paßt sich der entsprechenden Tanzaussage an. Die Kleidung der Tanzenden gibt ebenfalls Auskunft über das Herkunftsland.
- **Nach Stand und Zunft:** z. B. Tänze der Bauern, der Bürger, der höfischen Gesellschaft, der Hirten, der Handwerker.
- **Nach typischen Aufstellungsformen:** z. B. im Kreis, Quadrat oder in der Reihe, mit dem Partner, mit bestimmter oder offener Anzahl der Teilnehmer.
- **Nach Geschlecht und Alter:** Tanz der Kinder, der jungen Mädchen und Knaben, der Frauen und Männer. In osteuropäischen Ländern gibt es sehr viele reine Männertänze.
- **Nach Grundbewegungsarten:** es gibt ausgesprochene Hüpf- oder Schreittänze, Tänze die stark gefedert, gesprungen, gelaufen werden.

So verschiedenartig Volkstänze vom Ursprung her sind, so verschiedenartig werden sie auch in Haltung und Fußarbeit getanzt, in der gesamten Ausführung. Unterschiedliche Haltung, z. B. bei osteuropäischen Tänzen (aufrechte, »stolze« Körperhaltung) gegenüber südamerikanischen Tänzen (gesamter Körper schwingt äußerlich sichtbar mehr mit).
Unterscheidungen gibt es auch in Armhaltungen, so werden z. B. bei spanischen Tänzen die Arme stark in die Bewegung mit einbezogen und »hängen« fast nie, im Unterschied zu anderen Tänzen, bei denen die Arme den ganzen Tag durch senkrecht abwärts gehalten werden, oft bedingt durch die Fassung zum Partner, oder auch in anderen Positionen verharren. Unterschiede in der Fußarbeit werden deutlich – der ganze Fuß wird aufgesetzt, z. B. bei niederdeutschen Tänzen, oder es wird nur auf dem Fußballen federnd getanzt, z. B. bei den französischen oder spanischen Tänzen.
Musik und Bewegung beeinflussen sich gegenseitig und bilden gleichzeitig eine Einheit. Es gibt stark dynamisch rhythmisierte, aber auch wieder ruhiger getragene Musik. Sie kann instrumental auf einem oder auch mehreren Instrumenten gespielt werden. Zu vielen Tanzformen gibt es als Begleitung den Gesang, meist zusätzlich zu den Instrumenten. Heute wird als Tonträger zur Übertragung häufig auf Schallplatte, Kassette zurückgegriffen. Da Volkstänze durch mündliche, aber auch durch schriftliche, bildliche Darstellung überliefert werden, entsprechen sie nicht immer in allen Teilen der Urform. So sind Variationen, Veränderungen, Umformungen in der bewegungsmäßigen als auch musikalischen Gestaltung durchaus möglich.
Viele überlieferte Tanzformen gingen vom Ursprungsland aus weit über die Grenzen und werden in vielen Ländern getanzt.
In den Vereinsgruppen haben Tänze aus Amerika, Osteuropa, Israel den Vorrang, aber auch deutsche Tänze, die lange Zeit in Vergessenheit geraten waren, werden in zunehmendem Maße nachgetanzt und wiederentdeckt.
Im Gruppenwettbewerb »Gymnastik und Tanz« des Deutschen Turner-Bundes können auch Folkloretänze gewählt werden. Hier liegt die Problematik allerdings manchmal darin, daß der Übungsleiter bzw. die Gruppe nicht genügend Varianten zu einem Tanz kennen, und der Tanz durch zu viele Wiederholungen langweilig wird oder durch Hinzunahme irgendwelcher Schrittverbindungen und Bewegungen den Charakter verliert. Wie bereits erwähnt, sind jedoch auch Folkloretänze durchaus veränderbar in Schrittfolgen und Musik.
Wichtig ist, daß die typischen Merkmale erhalten bleiben und keine fremden Elemente (z. B. bei einem Tanz aus Osteuropa keine Jazzelemente) auftauchen.

64

65

66

67

Einige Begriffe aus europäischer und amerikanischer Folklore

Nordamerikanische Tänze – Sie erhielten ihren Namen durch die Aufstellungsform, aber auch musikalische und inhaltliche Strukturen, wie sie vor allem im nordamerikanischen Kulturraum vorherrschen. Sie werden partnergebunden getanzt.
Contra-Dance – Die älteste Form nordamerikanischer Tänze, Gassenaufstellung, meist können beliebig viele Paare teilnehmen.
Round-Dance – Er wird auf der Kreisbahn in Partnerform getanzt.
Square-Dance – Im Ursprung kommt er von den Britischen Inseln. Er wird als Vierpaartanz in Viereckaufstellung getanzt. Typisch für diese Tanzform ist der »Caller«, oder der »Ansager«. Seine Aufgabe ist es, die Figurenfolge anzusagen.
Mixer – Durch Partnerwechsel können die genannten Formen zum Mixer werden, bevorzugt werden sie jedoch in der Kreisform getanzt.

Kleine Auswahl typischer Bewegungs- und Schrittformen

Promenade – Paarweise vorwärts gehen mit verschiedenen Fassungen, z. B. offener Fassung, Kreuzfassung (64).
Balance – Seitlich vorwärts, rückwärts, z. B. linkes Bein seitwärts, vorwärts oder rückwärts setzen. Rechtes Bein unbelastet, (tap) neben linkes setzen, dann rechtes Bein, seit-, vor- oder rückwärts setzen, linkes Bein unbelastet (tap) neben rechtes setzen.
Allemande (Handtour) – Paarweise Einhandfassung, rechts oder links, mit erhobenen Unterarmen, die gegeneinander gehalten werden, dabei einen Kreis ausgehen (65).
Forward and Back – In Kreisaufstellung paarweise nebeneinander oder voreinander, vorwärts, rückwärts gehen, meist 4 oder 8 Schritte, der letzte kann jeweils durch Klatschen oder Kniehochziehen u. a. betont werden (66).
Ladies' Chain – 2 Paare in Gegenüberstellung, die Tänzerinnen wechseln die Plätze, reichen sich im Vorbeigehen kurz die rechten Hände, fassen mit der linken Hand die linke Hand des fremden Partners, seine rechte Hand liegt auf der rechten Hüfte der Tänzerin. Er führt sie am Ort im Kreis herum in die Ausgangsstellung (er geht rückwärts, sie vorwärts, meist erfolgt der Wechsel in gleicher Weise zurück auf den Platz (67).

Kleine Auswahl typischer Aufstellungs-, Schritt- und Bewegungsformen europäischer Folklore

Kreis – In den verschiedensten Varianten, z. B. Flankenkreis, mehrere Kreise ineinander, Front zur Mitte oder nach außen.
Reihen- und Kettentänze (Kontra, Kolonnentänze) – Mehrere Tanzende stehen nebeneinander in einer Reihe, in Gegenüberstellung, zu mehreren Reihen hintereinander, im großen Quadrat.
Kettentänze – Vor allem in Südosteuropa zu Hause, der »Kolo«: geschlossene Kreisform, aber sehr häufig als geöffneter Halbkreis. Diese Tänze werden oft gelaufen, gehüpft oder gesprungen.

Häufige Fassungen:
Hintereinander anfassen mit herabhängenden Armen (linke Hand wird auf den Rücken gelegt, die rechte Hand faßt in die linke Hand des Voranstehenden). Einhändige Schulterfassung: Nebeneinander, Handfassung mit herabhängenden Armen oder mit nach oben gebeugten Unterarmen. Oberarm – Kreuzfassung.
Quadrillentänze (Vierpaartänze) – Aufstellung siehe Square-Dance. Häufige Fassungen: Handfassung über Kopfhöhe. Torbildung Mühle, die Tanzenden stehen im Kreis hintereinander, z. B. rechte Schulter zur Mitte, rechten Arm nach vorne strecken und das Handgelenk des vorne Stehenden fassen.

Zur Musikauswahl

Bei der Musikauswahl steht der jeweilige Tanz im Vordergrund, denn in der Folklore erfordern bestimmte Tänze auch bestimmte Musiken. Es gibt Tänze, bei denen die Musik nicht austauschbar und Bewegung ganz eng eingebunden in die Musik ist. Wobei evtl. in der Hinführung zum Tanz auf eine andere Musik gleichen Charakters zurückgegriffen werden kann. Bei anderen Tanzformen, besonders den amerikanischen, kann auch in der Endform des Folkloretanzes eine andere Musik als die ursprüngliche gewählt werden.

Methodisch-didaktische Vorüberlegungen

Grundsätzliches wurde bereits bei den modernen Tanzformen erwähnt, es hat für den Folklorebereich ebenfalls Gültigkeit. Der Weg über die Improvisation kann auch hier gegangen werden, setzt aber bei den Teilnehmern gewisse Kenntnisse über Bewegungs- und Tanzformen des jeweiligen Landes voraus, um im Charakter der Tänze zu bleiben und deren Eigenheiten nicht zu verwischen.
Spielerische Übungsformen sollten gewählt werden in freier Aufstellung, losgelöst von der zeitlichen Folge der einzelnen Figuren und Schritte auf dem Weg zur endgültigen Tanzform.

Beispiel
Tanzbeschreibung zu »Branle du Quercy« (Frankreich)
Schallplatte: EP 57605
Aufstellung:
Beliebig viele Paare zum großen Kreis durchgefaßt, Front zur Mitte, die Arme hängen.

Teil 1	
T 1–8	16 Gehschritte nach links beginnend, Unterarme werden bei dem linken Schritt zur Mitte geschwungen, linker Schritt wird betont (gestampft)

Teil 2	
T 9–12	3 Schritte links beginnend zur Mitte: links, rechts, links, hopp (auf 4 Hüpfer auf links). Das rechte Knie vorne leicht hochziehen, die gefaßten Hände bei den Gehschritten vorwärts hochschwingen, rechts beginnend die Schrittfolge mit Hüpfer auf rechts rückwärts aus dem Kreis, die gefaßten Hände wieder senken.
T 13–16	Wiederholung der Takte 9–12

Teil 3	
T 1–8	16 Galoppschritte nach links, dabei steht der Tänzer hinter der Tänzerin, linker Arm in Schulterhöhe gestreckt, linke Hände gefaßt, rechte Hände auf der rechten Hüfte der Tänzerin (68)

Teil 4	
T 9–16	rechts eingehakt, 16 Laufschritte umeinander, auf 16 klatschen, Richtungswechsel, links einhaken (69)
T 17–32	links eingehakt, 15 Laufschritte, auf 16 wieder zum Kreis durchfassen.

68

69

Beispiel zur Entwicklung des Tanzes

Die Musik für den Tanz vorstellen und die verschiedenen möglichen Grundbewegungsarten zu den einzelnen Musikteilen finden lassen. Hören – klatschen – bewegen.

1. Gehen vorwärts und rückwärts, allein, zu zweit und zu mehreren, ohne und mit verschiedenen Fassungen zu einer Musik im Gehtempo.
2. Jeden 2. Schritt auf irgendeine Weise betonen.
3. Eingrenzen auf Beinbewegungen.
4. Eingrenzen auf Armbewegungen.
5. Allein, mit mehreren in Anpassung an den Partner.
6. Arm-, Beinbewegungen kombinieren im Hinblick auf die Endform des Tanzes.
7. Festlegen des Zeitmaßes auf 16 Gehschritte, links und rechts, Thema des Teil 2 entwickeln.
8. Linke, rechte, linke Hüpfer bzw. rechte, linke, rechte Hüpfer in verschiedenen Richtungen, auch rückwärts.
9. Mit Partner zu mehreren, ohne und mit Handfassung und Armeinsatz.
10. Teil 1 und 2 des Tanzes verbinden. Thema des Teil III entwickeln.
11. Galoppschritte allein auf runden Raumwegen.
12. Ebenso mit Partner in verschiedenen Fassungen.
13. Zur Endform führen.
14. Teil 1, 2 und 3 verbinden. Bis hier kann noch andere Gehmusik eingesetzt werden, da Gehen und Hüpfen zu einer Musik möglich sind. Thema des Teil 4 entwickeln. Es muß nun Laufmusik gewählt werden.
15. Durcheinander laufen, bei Begegnung mit Partnern einhaken, umeinander laufen.
16. Bei einem Partner bleiben, nach 15 Laufschritten einen neuen Partner einhaken.
17. Sämtliche Teile miteinander kombinieren, dazu muß die ursprüngliche Musik eingesetzt werden.

Beispiel für eine methodische Übungsreihe im Tanz schematisch dargestellt

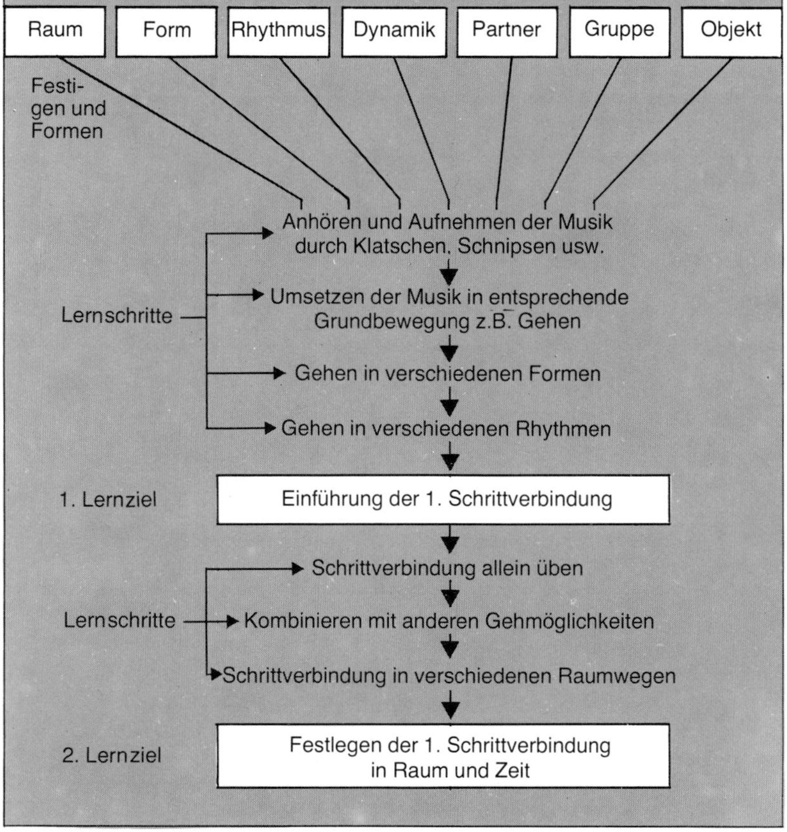

Tanzspiel

Das Tanzspiel ist eine von Hermann Grauerholz entwickelte Tanzform, bei der Wort, Musik und Bewegung eine Einheit bilden.
Es ist **Tanz,** weil das vorgegebene Thema im Tanz dargestellt wird, und es ist **Spiel,** weil es eine Spielhandlung beinhaltet – hier im Sinne von Theaterspielen.
Vorgegeben wird der Text zu einem bestimmten Thema und speziell dazu ausgewählte Musik. Weitere Vorgaben sind Hinweise zur Gestaltungsform und zur Choreographie.
Für den Übungsleiter bestehen folgende Möglichkeiten zur Darstellung:

- authentische Wiedergabe eines Tanzspiels nach Vorgabe von Text, Musik, Gestaltung und Choreographie
- das oben genannte, jedoch unter Einarbeitung eigener Variationen und Improvisationen
- eigene Gestaltung, eigene Choreographie unter Verwendung der Vorgaben von Text und Musik
- selbstgestaltetes Tanzspiel ohne Fremdvorgaben.

Das Tanzspiel stellt **besondere** Anforderungen an den Übungsleiter (Spielleiter). Er muß ein gutes Gespür für Musik, Ausdruck und Bewegung haben und vor allem den Willen, sich intensiv mit dem Text, d. h. der Spielhandlung auseinanderzusetzen.
Vor der Einstudierung eines Tanzspiels mit der Gruppe muß eine gründliche und intensive Bewegungsschulung erfolgen. Hermann Grauerholz fordert ein »natürliches Bewegen«. Die Grundformen der

70
Hermann Grauerholz, Schöpfer des Tanzspiels

Gymnastik: **Federn, Gehen, Laufen, Hüpfen, Springen und Schwingen** sind Grundlage zu seinen Tanzspielgestaltungen.
Die Arbeit mit der Gruppe und in der Gruppe steht im Vordergrund. Die Einheit einer Gruppe kommt in der Bewegung zum Ausdruck. Welche Bewegungsmöglichkeiten innerhalb einer Gruppe in der Darstellung einzelner Themen gegeben sind, wie z. B.

- die Gesamtgruppe miteinander
- ein Dialog zwischen zwei Gruppen
- eine Einzeltänzerin im Dialog mit einer Gruppe,

wird an einigen folgenden Beispielen deutlich:
Grauerholz läßt bei seinen Tanzspielen immer viel Raum zur Kreativität und zur Improvisation. Oftmals gibt er nur choreographische Vorgaben und überläßt jeder Darstellerin bzw. Tänzerin, das Thema entsprechend ihrer eigenen Vorstellung in Bewegung umzusetzen.
Jede Tänzerin muß ihre Bewegung spüren, sie muß den Tanz erleben. Voraussetzung dafür ist, daß die Bewegungsform beherrscht wird. Die Tänzerin muß lernen, den Raum zu erfassen und dabei Freude zu empfinden, sich nach der Musik bewegen zu lassen, d. h. die Bewegung wird durch die Musik geleitet. Niemand darf in ein bestimmtes System gedrängt werden. Die Art der Bewegung und der Ausdruck sind individuell verschieden. Jede Bewegung ist möglich, soweit es die Bewegungsfähigkeit des einzelnen zuläßt.
Bevor die Übungsleiterin an ein größeres Tanzspiel herangeht, sollte die Gruppe fähig sein, einzelne Themen im Tanz darzustellen. Einmal sollte die Gruppe lernen, eine Musik zu interpretieren, und zum anderen, ein Thema bzw. einen Text in der Bewegung darzustellen. Jede einzelne muß ihre eigene Bewegungsform finden und ihre Empfindungen tänzerisch darstellen, um anschließend eine gemeinsame Bewegungsform für die Gesamtgruppe zu finden.
Kindern fällt es leichter, sich im Tanz frei auszudrücken. Sie haben weniger Hemmungen und können ihrer Phantasie freien Lauf lassen.
Hermann Grauerholz hat eine große Anzahl von Spielangeboten geschaffen. Hier einige Beispiele:

Tanzstudien

- Metallene Metren
- Die sieben Herrlichkeiten
- Nebel
- Sturm
- Unwetter
- Meerische Impressionen (eine emotionale Studie).

71

Tanzspiele

- Der Zauberbach (eine Tanzlegende)
- Die Vogelscheuche (ein komödiantisches Gaudium)
- Meerische Impressionen (71 + 72)
- Die Barfüßigen (ein tanzdramatisches Spiel)
- Die Geschöpfe (ein tanzchorischer Zyklus) (73)
- Terra nostra – Erde, auf der wir leben.

Im nachfolgenden wird der Versuch unternommen, das Besondere des Tanzspiels auf der Grundlage der Ideen und Interpretationsvorgaben von Hermann Grauerholz darzustellen. Es ist der Versuch der Wiedergabe seiner in einer Vielzahl von Lehrgängen gegebenen Inspirationen.

72

Der Zauberbach
Ein Mädchen spielt mitten im Wald auf einer kleinen Wiese. Die Sonne scheint warm und die Vögel zwitschern lustig in den Zweigen. Plötzlich entdeckt es ein munter plätscherndes Bächlein. Das Mädchen planscht im Wasser und sieht sein Spiegelbild. Voll Freude darüber eilt es fort, um die Freundinnen zu holen. Eine muntere Schar hüpft und tanzt nun auf der Wiese, tummelt sich am Bach und spielt und spritzt mit dem Wasser.
Das klare, glitzernde Naß verlockt die Kinder zum Trinken. Aber der Bach ist verzaubert! Wer daraus trinkt, versinkt in einen tiefen Schlaf.
Verspätet kommt noch ein Kind (74). Wie erschrickt es, als es alle Freundinnen schlafend findet. Verzweifelt packt und rüttelt es die

73

74

Schlafenden, und siehe da – durch die Berührung löst sich der Zauber. Alle erwachen wieder, als wäre nichts geschehen.
Alle Kinder spielen lustig weiter.

Dieses Tanzspiel ist besonders für Kinder geeignet. Der Text regt die Fantasie der Kinder so an, daß sie fast ohne Vorgabe des Übungsleiters ihr Tanzspiel gestalten. Hier ist besonders viel Freiraum für Improvisation und Kreativität gegeben.

Die Vogelscheuche
Musik: Igor Strawinsky
Auch bei dem lustigen Tanzspiel »Die Vogelscheuche« kommen Kinder auf die tollsten Einfälle. Sie können sich dabei richtig austoben und mit viel Spaß tanzen.

Valina hat sich mitten im Feld plaziert.
So hat sie, als Vogelscheuche, ein Spektakulum inszeniert:
Zu fünfen kamen sie daher – Narreteien und Streichen wohl gewogen.
Erahnen läßt es sich nicht schwer – sie haben die Scheuche ausgezogen:
– der Erste nahm den Hut von den Locken,
– der Zweite raubte das Halstuch sich,
– der Dritte stieg in die Ringelsocken,
– der Vierte die schwarze Brille entlieh,
– der Fünfte wollte den Kittel wegziehn,
da schlug die Vogelscheuche aus!
Ich sah sie alle ins Buschwerk entfliehn
und sich verstecken im Laubenhaus.
Da niemand den Zwischenfall gesehen,
konnte das Spiel noch weitergehen:
Ein sechster krönte Valina mit einem Kranz aus früh ergrüntem Hahnenklee.
Sie reichte ihm die Hand zum Tanz, verdiente Ehr ihm so gescheh'.
Die anderen kamen erstaunt zurück und schlossen sich den beiden an.
Die Vogelscheuche ermaß im Glück, daß sie ein köstliches Spiel gewann.

75

Im Modehaus Molina
Ein kleines Tanzspiel für Frauen, das ausschließlich von der Improvisation lebt, eine Romanze »Im Modehaus Molina«, sieben Individualistinnen auf dem Laufsteg.
Sieben verschiedene Edelsteine mit der entsprechend ausgewählten Musik sind vorgegeben. Jede Tänzerin zeigt im Tanz, wie sie den Edelstein deutet.

Die Barfüßigen
Großes Einfühlungsvermögen und Ausdrucksfähigkeit erfordert das tanzdramatische Spiel »Die Barfüßigen«. Hier behandelt Grauerholz ein sozialkritisches Thema. Die Musikstücke sind aus klassischen Werken zusammengestellt:
Junge Frauen, aus ihrer zerstörten Heimat vertrieben, kommen in die reiche Stadt Hagenreuth, deren Bürger im Überfluß leben. Sie dürfen aber nicht in die Stadt hinein, sondern werden vor den Toren angesiedelt. Die Hagenreuther lehnen es auch ab, den Barfüßigen dadurch zu helfen, daß sie ihnen selbstgefertigte Gebrauchsgegen-

stände abkaufen. In ihrer Not und Verzweiflung schrecken die Barfüßigen bald vor nichts mehr zurück, denn sie sind überzeugt, daß »die Reichen nicht reich, die Armen nicht arm bleiben werden«.
Es kommt freilich nicht zur offenen Rebellion, weil sich unter den Hagenreuthern eine Person befindet, Nicoletta, die noch fähig ist, menschlich zu fühlen und zu handeln.
Nicoletta gelingt es, die Hagenreuther umzustimmen. Fortan bilden sie zusammen mit den Barfüßigen eine brüderliche Stadt, in der Menschenwürde vor Wohlstand rangiert.
Das musikalische Spektrum mit Spielsätzen von Rameau und Monteverdi bis zu Schostakowitsch und Aaron Coplaud bringen die Zeitlosigkeit des Spiels zur Geltung. Es läßt an die Zeit der deutschen Heimatvertriebenen ebenso denken wie an die gegenwärtigen Vertreibungen, die sich fast überall in der Welt ereignen. Es wird Not und Aufbegehren, individuelle und kollektive Reaktionen auf das mitleidlose Verhalten der Reichen aufgezeigt. Das Bitten, Flehen und Trotzen, der Aufstand, die Rebellion und der Haß, die Freude, Liebe und Gefühle – all dies wird tänzerisch und gymnastisch dargestellt.

Terra nostra

In seinem letzten Werk »terra nostra« – Unsere Erde, auf der wir leben – unternimmt Grauerholz den Versuch, die heutigen Umweltprobleme aufzuzeigen.
Es beinhaltet die Auseinandersetzung mit verhängnisvollen, durch Menschen herbeigeführten Umweltzerstörungen mit den Themen »Der getrübte Bach«, »Der verlorene Atem«, »Die überfallene Küste«. So stellt er sich den biologischen Tod im Bach, der Giftwolke im Industrierevier und der Ölkatastrophe an der Küste vor.
Mit einbezogen in dieses anspruchsvolle Tanzspiel ist der Jahreszeitenrhythmus mit den Themen: »Stürmischer Frühling«, »Singender Sommer«, »Verschwenderischer Herbst« und »Verspielter Winter« (75+76).

76

Gymnastik und Tanz

Einführung

Warum Gymnastik und Tanz? Gerade der Zusammenhang von Gymnastik und Tanz bestimmt weitgehend die Aktivitäten des Frauenturnens in unseren Vereinen. Die immer anwachsende Zahl der weiblichen Mitglieder ist im wesentlichen auf dieses spaßmachende Angebot für Turnerinnen aller Altersgruppen zurückzuführen. Besonders zu erwähnen ist in diesem Zusammenhang, daß der Deutsche Turner-Bund der bisher einzige Sportverband in der Bundesrepublik Deutschland ist, der den Wert dieses kombinierten Angebots für Mädchen und Frauen, für Jungen und Männer herausgestellt hat. Unbestritten ist der Wert des Turnens und damit auch der Wert der Gymnastik und des Tanzes als Freizeitaktivität, als Wert für die Gesundheit. Turnen ist nicht eine Sache des einzelnen, Turnen geschieht in der Gemeinschaft. Wenn andere Fachgebiete des Deutschen Turner-Bundes Möglichkeiten für Einzelaktionen, für »Einzelwettkämpfe« offenlassen, so fordert gerade die Gymnastik mit dem Tanz das Gemeinschaftliche heraus.

Diese Gedanken betreffen zunächst den Übungsbereich der Gruppe im Verein, waren aber auch maßgebend für die Idee des Gruppenwettbewerbs. Bei diesem Wettbewerb steht neben der Praxis der Gedanke der Gemeinschaft, das Miteinander im Vordergrund. Ein Leistungsvergleich – sprich Wettbewerb – kann eine vernünftige Motivation für die Gruppe sein. Ein Leistungsdruck darf aber nicht zur Spaltung einer Gruppe in Leistungsstarke und Leistungsschwache und sollte nicht zur Auflösung der Gruppengemeinschaft führen.

Gruppenwettbewerb Gymnastik und Tanz

Dieser Wettbewerb ist in nahezu allen Landesturnverbänden zu einem festen Angebots-Bestandteil des Frauenturnens geworden. Er ist beim Deutschen Turnfest 1983 in Frankfurt durchgeführt worden. Erstmalig wurden Gruppen mit Frauen und Männern zugelassen. Es besteht aber auch die Möglichkeit für reine Männergruppen, an diesem Wettbewerb teilzunehmen.

Um der unterschiedlichen Entwicklung dieses Wettbewerbs in den einzelnen Landesturnverbänden Rechnung zu tragen, wurde er in zwei Kategorien eingeteilt:

- der Pokalwettkampf ist Wettbewerb für Fortgeschrittene mit absolutem Leistungsvergleich der teilnehmenden Gruppen
- der Gruppenwettbewerb wird mit einer Wertung nach Ranggruppen durchgeführt.

Gymnastik und Tanz ist ohne Musik undenkbar, die Verwendung von Musik ist heute bereits zu einer Selbstverständlichkeit im Vereinsübungsbetrieb geworden; das freudebetonte Turnen kommt hierbei besonders zum Ausdruck. Die Musik ist so nicht nur rhythmische Unterstützung, sondern bietet gleichzeitig Anregungen zu Gestaltungen in der Gruppe. Die zu beachtenden Kriterien beim Pokalwettbewerb und Gruppenwettkampf Gymnastik und Tanz sind in der Tabelle S. 90 enthalten. Die Tabelle S. 90 und 91 ist eine Checkliste zum Aufbau einer Gruppe zur Teilnahme am Wettbewerb Gymnastik und Tanz.

Gruppenwettbewerb Gymnastik und Tanz, Pokalwettkampf (Einzelheiten: Aufgabenbuch des DTB)

Gymnastik mit Handgerät	Tanz
Handgerät nach Wahl, auch neuartige Geräte sind zugelassen (77 + 78)	Freigestaltete oder vorgegebene Tänze (Folklore-, Gemeinschafts-, Beat- oder Jazztanz)
Zeitdauer: 2–3 Min.	Zeitdauer: 2–3 Min.
Kleidung: einheitliche Turnkleidung, lange Hose erlaubt	Kleidung: einheitliche Turnkleidung, angepaßte Ergänzungen sind erlaubt (z. B. Rock und Bluse)

Bewertungskriterien:	Punkte	Bewertungskriterien:	Punkte
Übereinstimmung von Musik und Bewegung	2	Übereinstimmung von Musik und Bewegung	2
Choreographie (mind. 4 Formationen)	2	Tanzgestaltung, Kreativität, Originalität	2
Schwierigkeiten	1	Choreographie (mind. 4. Formationen)	2
Kreativität, Originalität	1	Ausführung	3
Ausführung	3	Gesamteindruck	1
Gesamteindruck	1		

Abzüge:	Abzüge:
Zeitüber- oder unterschreitung	Zeitüber- oder Unterschreitungen
Verlust des Handgeräts	Kostümierung
Musik mit Gesang	Musik mit Gesang
Fehlende Formationen	Fehlende Formationen

77

78

Checkliste zum Aufbau einer Gruppe zur Teilnahme am Wettbewerb Gymnastik und Tanz

Maßnahmen	Hilfen und Materialien
Die Übungsleiterin informiert sich über die Idee und Ausschreibung dieses Gruppenwettbewerbs	Aufgabenbuch des DTB Bestellung: Deutscher Turner-Bund, Otto-Fleck-Schneise 8, 6000 Frankfurt 71
Bewußtseinsbildung über den Zusammenhang von Gymnastik und Tanz und über den Wert der Gruppenarbeit	Siehe S. 89
Absprache mit der Gruppe, welches Handgerät für die Gymnastik und welcher Tanzstil gewählt werden soll	Arbeitshilfen Frauenturnen »Bundeslehrgang Gymnastik und Tanz 1980 in Essen« Bestellung: siehe oben

Maßnahmen	Hilfen und Materialien
Auswahl der Musik für die Gymnastik und den Tanz durch die Übungsleiterin ggf. unter Mitwirkung der Gruppe	Schallplatten, Kassetten
Erarbeitung der Gestaltung Gymnastik mit Handgerät und Erarbeitung eines Tanzes unter Berücksichtigung der Kriterien:	siehe S. 92 + 93
Ausweitung dieser Gestaltung mit festgelegter Teilnehmerzahl auf die gesamte Gruppe/Abteilung z. B. zur Vorführung bei einer Vereinsveranstaltung oder Neubearbeitung der Gestaltungen nach gleichen Prinzipien (Schauturnen). Wichtig: Einbeziehung aller interessierten Teilnehmer, ggf. durch Änderung oder Ergänzung der Gestaltung für den Gruppenwettbewerb	Ausarbeitung der Großraumvorführung „Gymnastik, Tanz und Spiel in der Gruppe" im Rahmen der Abschlußveranstaltung beim Deutschen Turnfest 1983 in Frankfurt

Gestaltung und Bewertungskriterien

Die Gestaltung einer Gymnastik und eines Tanzes in der Gruppe ist eine echte Gemeinschaftsaufgabe. Diese kreative Arbeit mit Eingehen auf die selbstgewählte Musik schafft für die gesamte Gruppe und für jeden einzelnen Erfolgserlebnisse in der Turnstunde, und wenn man dann dieses Gemeinschaftswerk im Wettbewerb noch »vorzeigen« kann, so ist das eine gesunde Motivation für die Vereinsarbeit. Neben selbstgestalteten Übungen können beim Tanz auch vorgegebene oder nachempfundene Volks- oder Gemeinschaftstänze gezeigt werden. Die für den Wettbewerb festgelegten Bewertungskriterien dienen nicht nur den Kampfrichtern für die Beurteilung, sie sind gleichzeitig – und das ist besonders hervorzuheben – als Anhalt für die Gruppengestaltung gedacht.

Bewertungskriterien: Gymnastik mit Handgerät

Übereinstimmung von Musik und Bewegung

- Umsetzen von Musik in Bewegung
- Rhythmusaufnahme (Wechsel zwischen schnellen und langsamen Bewegungen)
- Akzente setzen.

Choreographie

- Ausnutzen der Gesamtfläche, der verschiedenen Raumhöhen, Körperebenen
- Exaktheit der Bewegungsrichtungen
- Exaktheit der Raumwege und Formationen (79)
- Mindestens vier verschiedene Formationen
- Fließende Übergänge.

Kreativität, Originalität

- Originelle Verbindungs- und Übungsteile, Geräte- und Platzwechsel (80+81)
- Harmonisches Aneinanderreihen und Auflösen von Formationen
- Aufnehmen von Höhepunkten in der Musik.

Schwierigkeiten

- Gerätewechsel über die Höhe oder auf größere Distanz (82)
- Teile, die mit dem Handgerät in der linken Hand ausgeführt werden
- Pro Teilnehmer werden zwei Handgeräte eingesetzt (84).

Ausführung

- Körpereinsatz und Körperspannung
- Schwingungs- und Federungsfähigkeit

80

81

- Bewegungsweite
- Sicherheit im Umgang mit dem Handgerät und artgerechtes Einsetzen
- Genauigkeit und Gleichheit der einzelnen Übungsteile (83).
- Leichtigkeit in der Ausführung der Übungsteile.

Gesamteindruck
- Harmonie, Ausstrahlung und Gleichmäßigkeit der Gruppe
- Einheitliche Gruppengestaltung ohne »Solo«-Auftritte.

82

83

84

85

86

Bewertungskriterien: Tanz

Übereinstimmung von Musik und Bewegung

- Umsetzen von Musik in Bewegung
- Rhythmusaufnahme (Wechsel zwischen schnellen und langsamen Bewegungen)
- Akzente setzen.

Choreographie

- Ausnutzen der Gesamtfläche, der verschiedenen Raumhöhen, Körperebenen (85)
- Exaktheit der Bewegungsrichtungen
- Exaktheit der Raumwege und Formationen
- Mindestens vier verschiedene Formationen (86)
- Fließende Übergänge.

Tanzgestaltung, Kreativität, Originalität

- Originelle Verbindungs- und Übungsteile, Formationen, Platzwechsel
- Harmonisches Aneinanderreihen und Auflösen von Formationen
- Aufnehmen von Höhepunkten in der Musik
- Beibehalten des Tanzstiles.

Ausführung

- Körpereinsatz und Körperspannung
- Schwingungs- und Federungsfähigkeit
- Bewegungsweite
- Sicherheit in der Schrittfolge
- Genauigkeit und Gleichheit der Bewegungen
- Leichtigkeit in der Ausführung.

Gesamteindruck

siehe Seite 93 (Gymnastik)

Gymnastik, Tanz und Spiel in der Gruppe

Gymnastik und Tanz- das Stichwort des Frauenturnens im Verein. Eine Vielzahl von Übungsleiterinnen haben diese Formen der Bewegung zum Standardprogramm ihrer Turnstunde gemacht, eine Reihe von Vereinen beteiligen sich an Wettbewerben, Gymnastik und Tanz – ein beliebter Programmpunkt beim Schauturnen des Vereins!
Von dieser Vereinsarbeit ausgehend wurde die Großraumvorführung bei der Gymnaestrade 82 in Zürich und das Bild der Männer und Frauen bei der Abschlußveranstaltung des Deutschen Turnfestes 83 in Frankfurt mit einer ganz wesentlichen Zielrichtung konzipiert: »Verwendbarkeit für den Verein«, selbstverständlich auch geeignet für Veranstaltungen der Turngaue (Kreise) und Landesturnverbände.
Die aus sieben Bildern bestehende Konzeption mit fließenden Übergängen soll die Vielfalt der Gymnastik und des Tanzes zeigen.

- Auftakt; freies Bewegen
- Spielformen mit Fallschirmen (87)
- Gymnastik mit dem Ball
- Folklore-Tanz
- Gymnastik mit dem Stab
- Gymnastik mit dem Reifen
- Moderne Tanzgestaltung

In der Broschüre sind Angaben zur Musik und Skizzen zur Choreographie als »Arbeitshilfe für den Übungsleiter« zusammengestellt.
Diese Arbeitshilfe ist als Anregung zu verstehen und ist verwendbar für

- Vorführungen bei Veranstaltungen und Schauturnen
- den Gruppenwettbewerb Gymnastik und Tanz.

Das Beispiel ist ausgewählt aus dem Bereich Gymnastik, hier Gymnastik mit Schaureifen.

87

Gymnastik mit dem Reifen

Musik: »Song for Guy« Elton John

1 Takt = 4 Zählzeiten

Kreise

Vorspiel
Ausfallschritt re. vor, Reifen re. hinter dem Körper Tiefschräghalte (Bodenberührung), li. Arm in der Vorhalte, Blick zur Kreismitte (88):

Reifen von hinten über den Boden nach vorne ziehen, mit beiden Händen fassen (schulterbreit), dabei Heranstellen des li. Fußes;

Reifen in der Vorhalte anheben (Reifen waagerecht),

Reifen an den Körper heranziehen (dabei nachfedern!) und wieder in die Vorhalte führen;

langsames Führen in die Hochhalte, Reifen senkrecht, (Ballenstand);

kurzes Senken hinter den Kopf (dabei nachfedern) und wieder in die Hochhalte führen;

Kreise

Wechselschritt (li., re., li.), Reifen vor dem Körper nach vorne kippen, in die Grundstellung, langsames Hochführen des Reifens;

Heben in den Ballenstand, Reifen über vorne in die Schrägtiefhalte führen (Bodenberührung); erst Beine gebeugt und dann gestreckt;

federndes Vorkreuzen re. vor li. (4×), Reifen viermal drehen (je $^1/_2$), leichte Rumpfbeuge vorw., Grundstellung;
gegengleich; dreimal drehen; aufrichten, Reifen in der li. Hand vor dem Körper aufstellen;
1–2 Schritte rückw., (Blick zur Kreismitte).

88

Reihen

Grundstellung, leicht vorgeneigter Rumpf (Verwringung), Knie gebeugt; Reifen li. neben dem Körper stehend, mit beiden Händen halten:

Reihen

Anheben des Reifens mit der re. Hand in die Schrägvorhalte (Halten!);

Reifen vorw. kreisen an der li. Körperseite (3×) beim letzten Kreis Reifen über die Höhe in die Vorhalte, Rückschwung an der re. Körperseite;

Vorschwung mit Übergabe des Reifens in die li. Hand, Reifen dreimal li. kreisen an der re. Körperseite, beim letzten Kreis $^1/_2$ Drehung re., Wechseln des Reifens in die re. Hand; re. kreisen (3×) an der li. Körperseite, beim letzten Kreis über die Höhe in die Vorhalte, Rückschwung, vorschwingen des Reifens und langsames Senken und Aufstellen des Reifens vor dem Körper.

Kreis (Reihen gleichzeitig)

Takt 1

1–2	Kreismotiv: Blick zur Kreismitte, Anzwirbeln des Reifens: Seitgalopp rechts
3	Kreuzschritt links vor rechts
4	Schritt rechts seitwärts

Takt 2

5	Kreuzschritt links rückwärts
6	Schritt rechts seitwärts
7–8	$^1/_1$-Drehung rechts

Takt 3–4

1–6	wie Takt 1–2 gegengleich
7	Grundstellung, mit der rechten Hand Reifen aufnehmen, Anschwung rechts
8	Anschwung rechts

Takt 5

1–2	Seitgalopp links
3	Kreuzschritt rechts vor links
4	Schritt links seitwärts 1–4 Reifen umschwingt den rechten Unterarm

Takt 6

5	Kreuzschritte rechts hinter links

6 Schritt links seitwärts

5–6 wie Takt 5 gegengleich in die Streckung

7 Kreuzschritt rechts vor links

8 Grundstellung

Takt 7–8

1–8 wie Takt 5–6 gegengleich Ausgangsstellung (Blick zur Kreismitte)

7–8 Reifen waagrecht in der Vorhalte

Takt 9

1–2 Wechselschritt vorwärts (links, rechts, links) dabei Abwurf mit einer ½-Drehung des Reifens

3–4 2 Schritte vorwärts (rechts, links) Auffangen des Reifens (nachfedern)

Takt 10

5–6 Wechselschritt vorwärts (rechts, links, rechts) Abwurf mit einer ½ Drehung des Reifens

7–8 Schritt links vorwärts, Auffangen des Reifens (nachfedern) (89)

Takt 11

1–2 Wechselschritt rückwärts (rechts, links, rechts), dabei Abwurf mit ½-Drehung des Reifens

3–4 2 Schritte rückwärts (links, rechts, links), Auffangen des Reifens, nachfedern

Takt 12

5–8 Wechselschritt rückwärts (links, rechts, links), dabei Reifen über die Vorhalte in die Hochhalte führen

89

Takt 13

1–4 Vorwärtsgehen mit ständigem Drehen (waagerecht über den Kopf)

Takt 14–16

Weitergehen zur neuen Ausgangsstellung, auf den letzten beiden Zählzeiten, Reifen nach rechts ausschwingen; dabei Schritt rechts seitwärts mit Gewichtsverlagerung rechts.

Reihen (Kreis gleichzeitig)

Takt 1

1–2 Wechselschritt (links, rechts, links)

Takt 2

3–8 6 Schritte vorwärts im Kreis gehen, rechts beginnen, dabei den Reifen mit der rechten Hand am Ort drehen, zur Grundstellung kommen, Reifen hinter dem Körper anzwirbeln

Takt 3

1–2 Wechselschritt (rechts, links, rechts)

Takt 4

3–8 6 Schritte vorwärts im Kreis gehen, links beginnen in die Grundstellung

Takt 5–6

1–8 8 Schritte vorwärts, links beginnen

1–2 Reifen rechts aufnehmen, senkrecht vorschwingen und vorne in die linke Hand übergeben

3–4 Reifen senkrecht nach links schwingen

5–6 Kreisschwung über die Tiefe vor dem Körper

7 Reifen in die rechte Hand übergeben

8 zur Seite ausschwingen

Takt 7–8

1–8 8 Schritte rückwärts, links beginnen

1–8 wie vor, auf 8 Reifen vor dem Körper aufstellen

Takt 9–14

1–48 Wiederholen Takt 1–6

Takt 15–16

1–8 Reifen Waagerecht mit beiden Händen über den Kopf halten, dabei weitergehen zur neuen Ausgangsstellung, auf den beiden letzten Zählzeiten Reifen nach rechts ausschwingen, dabei Schritt rechts seitwärts mit Gewichtsverlagerung rechts.

Blockaufstellung

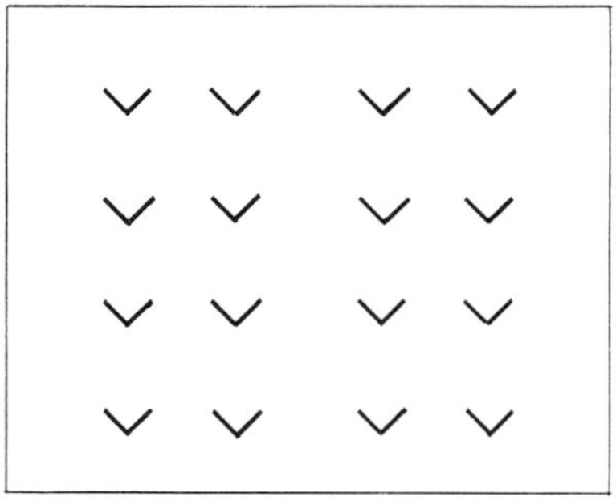

Takt 17

1–3 Gewichtsverlagerung rechts, Handkreisen des Reifens nach rechts

4 Ausschwingen nach links, Gewichtsverlagerung links

Takt 18

5–6 Handkreisen des Reifens nach links

7–8 Reifen weiterschwingen, über die Höhe, in die linke Hand übergeben zur Ausgangsstellung gegengleich (90)

Takt 19–20

1–6 wie Takt 17–18

7 Reifen weiterschwingen

8 Reifen in der Hochhalte mit beiden Händen fassen; dabei Grundstellung (rechten Fuß heranstellen) (91)

Takt 21

1–2 Rückschwung des Reifens an der rechten Körperseite

3–4 Vorschwung

Takt 22

5–6 Rückschwung des Reifens an der linken Körperseite

7–8 Reifen mit dem Vorschwung kräftig abwerfen ($^1/_2$-Drehung des Reifens)

Takt 23

1–3 Reifen fangen und senken bis Bodenberührung

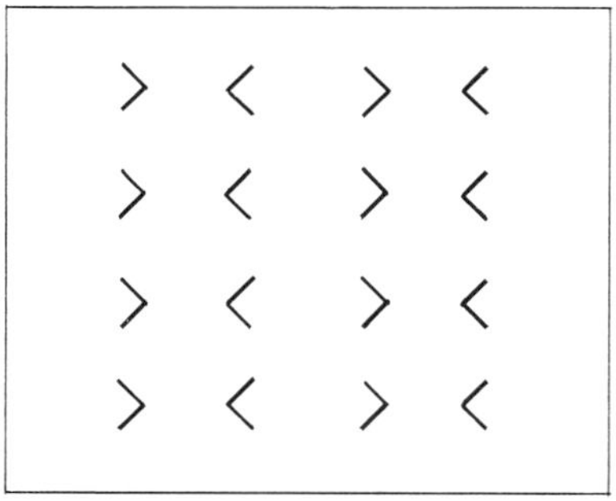

Takt 24

4–8 Gehen zur Partnerin, (weite, tiefe Schritte, Reifen über den Boden ziehen, beide Reifen in Schulterhöhe fassen (auch den Reifen der Partnerin)

90

91

Bewegungsfolge mit dem Partner

Takt 25

1–2 Reifen aneinander vorbeischieben, rechts beginnen (92)

3–4 wie 1–2 gegengleich, auf 4 mit der linken Hand beide Reifen fassen

Takt 26

5–8 1 Halbkreis gehen (Platzwechsel, links, rechts links, Grundstellung)

Takt 27–28

1–8 Wiederholen Takt 25–26

92

	Reihe 1	Reihe 2
		auf 8 beide Reifen (auch der Partnerin) in der rechten Hand
Takt 29		
1–2	wie Reihe 2 Rückschwung beider Arme	kleine, schnelle Schritte rückwärts mit Rückschwung beider Reifen rechts (Armhaltung parallel)
3–4	Vorschwung beider Arme, Reifen links auffangen (93)	Vorschwung mit Abwurf des linken Reifens zur Partnerin (93)
Takt 30		
5–6	Rückschwung links	Rückschwung rechts
7–8	Vorschwung mit Übergabe des Reifens rechts und gleichzeitig Auffangen des 2. Reifens mit der linken Hand (94)	Vorschwung mit Abwurf des Reifens zur Partnerin (94)
Takt 31		
1–3	Rückschwung	Rückschwung ohne Reifen
3–4	Vorschwung	Vorschwung ohne Reifen
Takt 32		
5–6	Weiterschwingen bis zur Hochhalte. Arm rechts rückführen, links vorziehen	vor die Partnerin laufen
7–8	rechts Reifen abgeben, gleichzeitig Tiefschwung links vor dem Körper nach rechts in die neue Ausgangsstellung (wie Reihe 2)	mit beiden Händen den Reifen annehmen und in die neue Ausgangsstellung – rechts neben der Partnerin – (Grätschstellung, Gewichtsverlagerung rechts)

93

94

Blockaufstellung

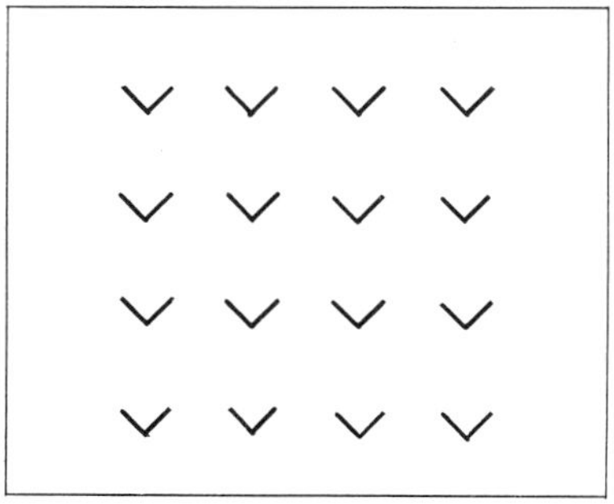

Takt 33

1–3 Schritt links seitwärts, Kreuzschritt rechts vor links, Schritt links seitwärts, dabei Pendelschwung mit dem Reifen vor dem Körper nach links, Oberkörper dreht nach links in die Bewegungsrichtung

4 Oberkörper nach rechts aufdrehen

Takt 34

5–8 wie Takt 33 gegengleich

Takt 35

1–2 Seitgalopp links

3–4 1/1-Drehung (Schrittkehre) mit 1 1/2 Parallelarmkreis vor dem Körper

Takt 36

5–8 Kreuzschritt rechts vor links auf 8 linken Fuß heranstellen, mit 1/4-Drehung rechts, dabei Reifen mit der rechten Hand vorhochschwingen

Reihe 1 und 2

Takt 37

1–2 1/1-Armkreis vorwärts

3–4 1/2-Drehung des senkrecht gehaltenen Reifens

Takt 38

5–6 1/1-Armkreis vorwärts

7–8 betonte Körperstrekkung, 1/2-Drehung des senkrecht gehaltenen Reifens und Rückschwung in die Seithalte

Takt 39–40

1–8 Rückschwung des Reifens in die Seithalte, Gehen mit Kreisen des Reifens rechts rückwärts in die neue Ausgangsstellung

95 Pendelschwung nach rechts (Takt 34)

Doppelkreise

	Außenkreis	Innenkreis
Takt 41–48		
1–32	wie Takt 1–8	wie Takt 1–8

Ausgangsstellung: Blick zur Kreismitte

	Außenkreis	Innenkreis
Takt 49–52		
1–16	wie Takt 9–12 (96)	
1–2		Reifen über die Vor- in die Hochhalte führen (waagerecht über den Kopf)
3–4		Senken in die Hockstellung mit gestreckten Armen (kleine Schrittstellung rechts vor) (96)
5–6		Aufrichten in die Schlußstellung
7–8		Reifen in die Vorhalte (Reifen senkrecht)
9–16		wiederholen wie 1–8
Takt 53–54		
1–8	Drehen am Ort, dabei Reifen in die Hochhalte führen, wie Außenkreis	
Takt 55–56		
1–6	gehen zur Kreismitte, dabei Reifen waagerecht über den Kopf halten	
7	Reifen nach vorne führen und mit der linken Hand Reifen der anderen Partnerin fassen	

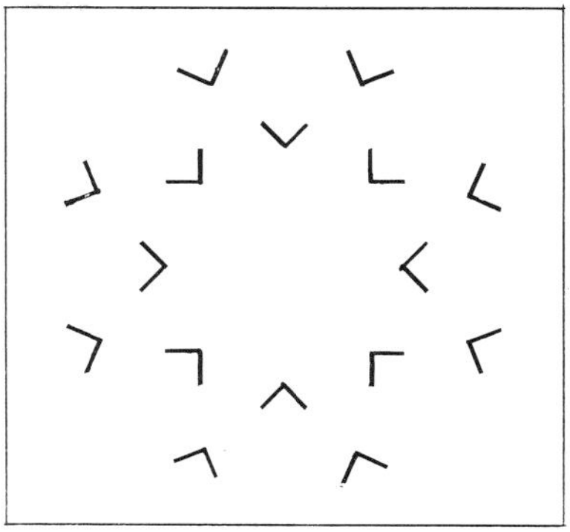

96

97

98

Kreis

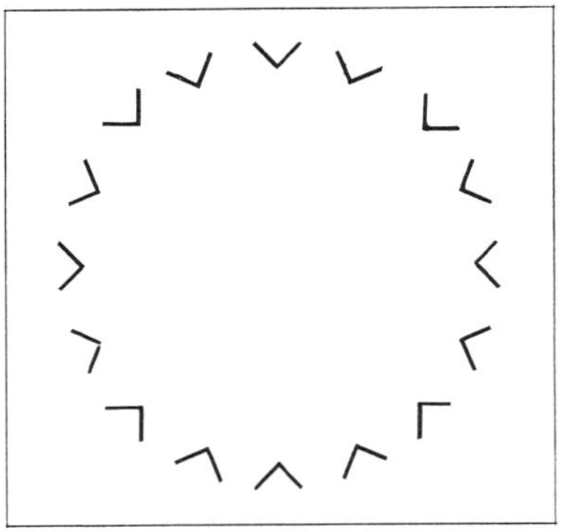

Takt 57
1–2 Seitgalopp rechts, Kreuz-
3–4 schritt links vor, Reifen hochführen (97), Schritt rechts seitwärts

Takt 58
5–6 Kreuzschritt links rück-, rechts seitwärts, auf 5 wieder senken des Reifens
7–8 Kreuzschritt links vor und rechts anstellen

Takt 59–60
1–8 wie Takt 57 gegengleich

Takt 61
1–2 den senkrecht gehaltenen Reifen in die Vorhalten führen
3–4 Reifen in die Hochhalte führen (waagrecht über den Kopf) dabei vorwärtsgehen

Takt 62
5–8 weiter zur Kreismitte laufen

Takt 63–66
1–16 $^1/_2$-Drehung rechts (98) und im Laufen die Vorführfläche verlassen

Musik und Bewegung

Rhythmisch-musikalische Grundlagen

Die Beschäftigung mit Gymnastik und Tanz beinhaltet den Umgang mit Musik. Musik und Bewegung müssen einander entsprechen. Um Musik besser zu verstehen, sollten einige Grundkenntnisse der Musiklehre vorhanden sein.

Notenwerte

Die Dauer eines Tons (einer Silbe, eines Schrittes) wird durch verschieden lange Notenwerte ausgedrückt. In der abendländischen Musik ist in den meisten Fällen die Viertelnote der Richtwert:

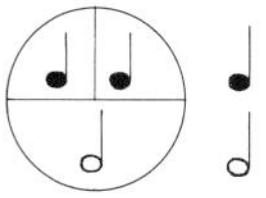

= Viertelnote
= halbe Note

Eine halbe Note ist so lang wie zwei Viertelnoten. Zwei halbe Noten ergeben eine

○ = ganze Note

Viertelnoten können geteilt werden, wir erhalten

♪♪ = zwei Achtelnoten.

Teilen wir eine Achtelnote, so ergibt dies

= zwei Sechzehntelnoten.

Zwei nacheinander folgende Achtelnoten werden miteinander verbunden ebenso Sechzehntelnoten

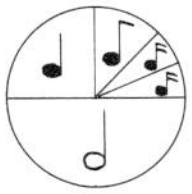

Bei einer **Punktierung** wird die entsprechende Note um die Hälfte ihres Wertes verlängert:

Galopp- und Hüpfrhythmen werden meist mit punktierten Noten dargestellt.

Zu jedem Notenwert gehört auch ein Zeichen für den entsprechenden **Pausenwert.**

Weitere und detaillierte Information zum Thema Musik geben Musik- und Harmonielehren.

Metrum

Metrum bedeutet Zeitmaß = Grundschläge eines Musikstückes, durch die das Tempo erkennbar wird. In der modernen Tanz- und Jazzmusik spricht man vom »Beat«. Die Grundschläge sind gleich lang und gleich betont:

Die Grundschläge können geklatscht oder gegangen werden.

Takt

Im folgenden Beispiel wird der jeweils erste Grundschlag betont, der die Grundschläge in gleich große Abschnitte einteilt:

Die Abschnitte werden durch Taktstriche sichtbar gemacht. Ein Abschnitt wird als Takt bezeichnet. Da in o. g. Takt vier gleich lange Schläge enthalten sind, ergibt das einen

4/4 = Viervierteltakt

4/4 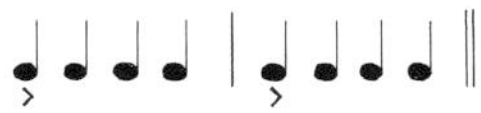

Setzt sich ein Takt aus drei Grundschlägen zusammen, dann handelt es sich um einen

3/4 = Dreivierteltakt

3/4 

Grundsätzlich wird in gerade und ungerade Taktarten eingeteilt.

Gerade Taktarten:

2/4, 4/4, 2/2, 6/8

Ungerade Taktarten:

3/8, 3/4, 5/4, 9/8

Unterschiedliche Zusammensetzung von geraden und ungeraden Taktarten führen u. a. zu einem Taktwechsel, und Taktarten wie $^7/_8$ und $^9/_8$ sind Grundlage der Balkantänze. Hier ist besonders erforderlich, auf Haupt-und Nebenbetonungen zu achten:

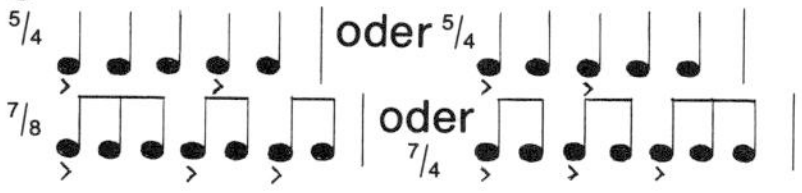

Taktwechseltänze heißen »Zwiefache«. Hier werden Walzer und Dreherschritte aneinandergereiht, z. B.:

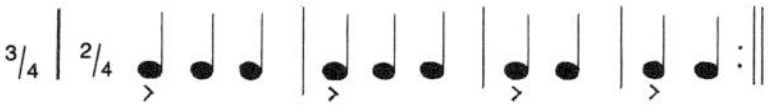

Grundsätzlich wird der erste als »schwerer« Taktteil bezeichnet (= Hauptbetonung) im Gegensatz zu den folgenden »leichten« Taktteilen. Weitere Betonungen oder Akzente kommen dazu. **Die Hauptbetonung auf »eins« ist wichtig zum Bestimmen des Taktes eines von uns ausgewählten Musikstücks.**

Nicht jede Musik beginnt mit der »eins«, oft gehen längere oder kürzere nichtbetonte Taktteile voraus. In diesem Fall handelt es sich um einen **Auftakt:**

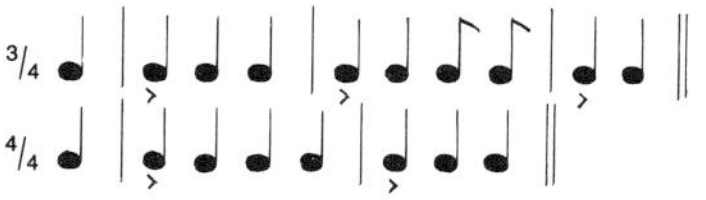

Auftakt und Schlußtakt werden zusammengezählt und bilden einen Volltakt.

Rhythmus

Jeder Grundschlag kann unterteilt, es können aber auch mehrere Grundschläge zusammengefaßt werden; wir sprechen von einer Rhythmisierung. Sie ist entweder an ein Taktschema gebunden oder wird ohne jegliche Bindung an Taktschwerpunkte gespielt wie z. B. in der avantgardistischen Musik oder im Free-Jazz. Hier ein Rhythmusbeispiel für die erste Möglichkeit:

Wird gleichzeitig der Grundschlag geklatscht, so ist dies ein einfaches Modell des Aufbaues von Jazz- und Popmusik:

unterteilter

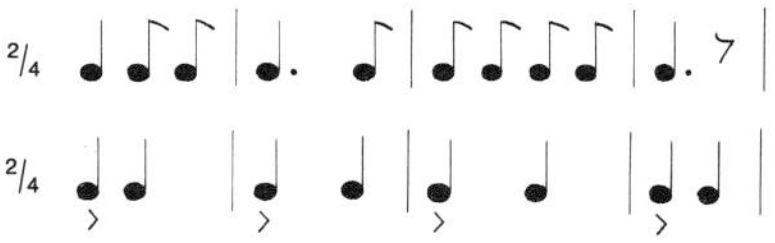

gleichmäßiger

Rhythmus

Der Grundschlag wird dort vor allem in der Rhythmusgruppe gespielt (Schlagzeug, Baß, Gitarre, Perkussionsinstrumente), der Sprechrhythmus von den verschiedenen Blasinstrumenten, aber auch von Klavier, Gitarre, Baß usw.

Tempo

Folgen die Grundschläge schnell aufeinander, so ergibt das ein schnelles Tempo. Werden sie langsam gespielt, vermindert sich auch das Tempo. Schnell und langsam können fließend ineinander übergehen:

schnell → langsam → schnell
ritardando accelerando

aber auch abrupt aufeinanderfolgen.

Melodie

Wird der Rhythmus in unterschiedlichen Tonhöhen gespielt, erhält man eine Melodie. Die Tonhöhen können kleine und größere Abstände zueinander aufweisen. Die Melodie ist in kleine und große Bogen gegliedert:

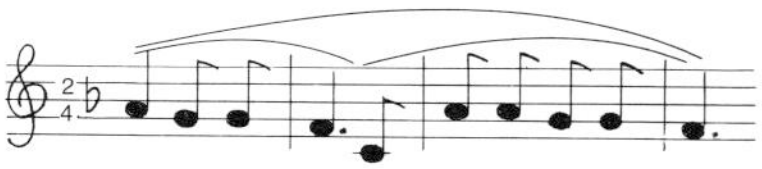

Diese Gruppierung von Takten (= Phrasierung) zu kleinen und großen Einheiten werden in jedem Musikstück deutlich – für die Bewegung ein wichtiger Hinweis für Zusammenhänge, Schrittkombinationen u. a.

Harmonie

Die mehrstimmige Begleitung einer Melodie ist die Harmonie. Sie kann sich auf nur wenige Akkordwechsel mit einfachen Dreiklängen beschränken, aber bis hin zu komplizierten Harmonien das Klangbild erweitern. Je nachdem, wie dies empfunden wird, können die Harmonien durch ihre Reibungen (Dissonanzen) Stimmungen erzeugen und Bewegungsreize auslösen.

Dynamik

Die wechselnde Spannung innerhalb eines Musikstücks ist durch ihre Dynamik gekennzeichnet. Lautstärke und Akzente gehören hierzu.

Form

In unserer Musik haben sich in den letzten Jahrhunderten verschiedene musikalische Formen herausgebildet. Die wichtigsten sollte jeder Übungsleiter kennen und heraushören können. Der formale Aufbau einer Musik muß den Aufbau einer Bewegungskomposition mitbestimmen!

A-B-Form
Beispiel: »Fing mir eine Mücke...«

A-A-B-A-Form
Dieser, auch »dreiteilige Liedform« genannte Form begegnet man am häufigsten in Liedern und Tänzen aus alter und neuer Zeit.
Beispiel: »Wohlan die Zeit...«

Rondo-Form A-B-A-C-A-D-A
Rondo bedeutet Rundtanz und kann einen Wechsel von gemeinsam getanzten Teilen und verschiedenen solistisch getanzten Teilen darstellen.

Fing mir eine Mücke heut

Ungar. Volkslied aus Béla Bartók, Das ungar. Volkslied (De Gruyter). Übersetzung von Hedwig Lüdecke. Bärenreiter-Verlag, Kassel u. Basel

WOHLAN, DIE ZEIT IST KOMMEN

Musik als Partner

Die Suche nach für Tanz und Gymnastik geeigneter Musik ist zeitraubend und schwierig, denn die Musik soll mehreren Anforderungen gerecht werden:

- In erster Linie muß sie den Übungsleiter ansprechen,
- sie muß der Gruppe gefallen, die sich danach bewegen soll,
- sie muß dem Zuschauer – falls eine Vorführung geplant ist – ein gewisses »Hörvergnügen« verschaffen,
- sie sollte vor allem aber dynamische, interessante Bewegungsmusik sein, klar erkennbar gegliedert, mit Akzenten und Besonderheiten versehen, die zum Gestalten reizen.

Oft wird es unmöglich sein, alle diese Gesichtspunkte auf einen Musiktitel zu vereinen. Kompromisse sind ein häufiger Ausweg.
Wir unterscheiden folgende Möglichkeiten:

1. Durch Musik eine bestimmte Stimmung erzeugen.
2. Musik als Motivationshilfe zur Intensivierung der Bewegung.
3. Musik strukturieren und in der Bewegung genau nachvollziehen.
4. Musik interpretieren.
5. In Musik Anregungen zu tänzerischer Darstellung finden.
6. Völlig kontrastierende Ausdrucksmöglichkeiten zur Musik finden.

Einige Beispiele sollen diese sechs Punkte näher erläutern:
Zu 1: Musik und Tanz werden seit Jahrhunderten z. B. auf kultisch-religiösem Gebiet als Mittel zur Erzeugung von Ekstase, aber auch zur Meditation angewandt. Beides ist ein wichtiges Therapiemittel. Die Werbung setzt gezielt Musik zu verkaufsfördernden Zwecken ein, ohne daß dies dem Menschen bewußt wird. Hiervon lebt ein ganzer Zweig der Musikindustrie (»Funktions-Musik«).

Zu 2: Im Gymnastikunterricht bedient man sich seit Jahren der Musik. Bei Konditionstraining, z. B. in der Skigymnastik, spielen nur einige Faktoren eine Rolle wie Tempo und Rhythmus. Die meist hierfür gewählte Pop-und Tanzmusik hat, wenn auch in abgeschwächter Form, Eigenschaften, die zur Bewegung anregen und Anstrengungen vergessen lassen.

Zu 3: Hierzu bedarf es einer intensiven Schulung der Aufnahmefähigkeit von
- Tempo, unterschiedlicher Rhythmen, Taktarten = Zeit
- unterschiedlicher Dynamik (Intensität), Lautstärke, Akzente = Kraft
- Melodie, Form und Aufbau von Musik, Wiederholung, Variation = Form

Erst dann gelingt es, Grundformen der Bewegung wie Fortbewegung, Schwingen, Führen, Drehen usw. in den verschiedenen Levels (im Stand, im Sitz, auf dem Boden) der Musik zuzuordnen, so daß eine erkennbare Übereinstimmung entsteht.

Zu 4: Diese sehr subjektive Form setzt in jedem Fall eine eingehende Beschäftigung mit Musik voraus, außerdem erleichtert sie den Zugang zu ihr. Hierbei spielen neben dem Rhythmus auch die Melodie und die Harmonie des Musikstückes eine wesentliche Rolle. Auch das Melodie-Instrument (z. B. Flöte – Herbie Mann, Harfe – Andreas Vollenweider, Trompete – Herb Alpert, Klavier – Chick Corea) oder der Bläsersatz (z. B. bei »Blood, Sweat and Tears« oder »Earth, Wind and Fire«) kann die Wirkung des Musikstückes verstärken. Erst in der Kombination wird der (hierzu sensibilisierte) Mensch in die Stimmung versetzt, die dann auslösender Faktor für Bewegung ist. Interpretation findet nur im Bereich Tanz statt.

Zu 5: Hierbei ist vor allem solche Musik aus dem Bereich der Avantgarde oder des Free-Jazz gemeint, die aufgrund bestimmter musikalischer Inhalte (freirhythmisch, Geräusche, Klänge usw.) geeignet ist, z. B. zur Darstellung eines Handlungsgeschehens (Spielszene), und zur Darstellung von Stimmungen (heiter – traurig). Sie dient vielleicht auch »nur« als Hintergrundmusik (z. B. von John Cage, Art Ensemble of Chicago, Family of Percussion, Tangerine Dream).

Zu 6: Diese zuletzt angesprochene Möglichkeit ist zugleich die schwierigste. Hierfür braucht ein Übungsleiter genaue Kenntnis des gewählten Musikstücks und muß darüber hinaus ein »feeling« entwickeln, um das Spannungsverhältnis von Musik und Bewegung genau beobachten und beurteilen zu können. Als Beispiel: harte, abgehackte Bewegungen zu weicher, fließender Musik.

Umgang mit Musik

Hat man ein Musikstück gefunden, das den Vorstellungen für eine Einzel- oder Gruppengestaltung entspricht, beginnt ein weiterer Teil der Arbeit:

Musik gliedern

Jetzt geht es um den Aufbau von Musik:
- Takte zählen, auf einem Blatt Papier für jeden Takt einen Strich machen
- Taktgruppen zu inhaltlich zusammengehörenden Teilen ordnen
- Anhand verschiedener Melodieteile erkennen, wieviel unterschiedliche Teile in der Musik auftauchen; diese durch Buchstaben kennzeichnen
- Wiederholungen heraushören, aber auch – vor allem an der Baßlinie zu erkennen –, ob über die Melodie improvisiert wird (vor allem bei Jazzmusik); hier spricht man dann vom »Chorus« eines Soloinstruments
- Rhythmisch-musikalische Besonderheiten heraushören und an entsprechender Stelle markieren – u. A. Akzente, Trommelwirbel.

An zwei Beispielen aus der Schallplatte des Deutschen Turner-Bundes »Gymnastik«, Platte 1, Federn und Hüpfen (Quadriga Ton Qu 701) soll hier eine Möglichkeit der schriftlichen Fixierung dargestellt werden.

Titel »Sauter«, Seite A Nr. 3
Musik: Dieter von Goetze
Tempo = 192, $^4/_4$ Takt
Dauer: 1,22 min.

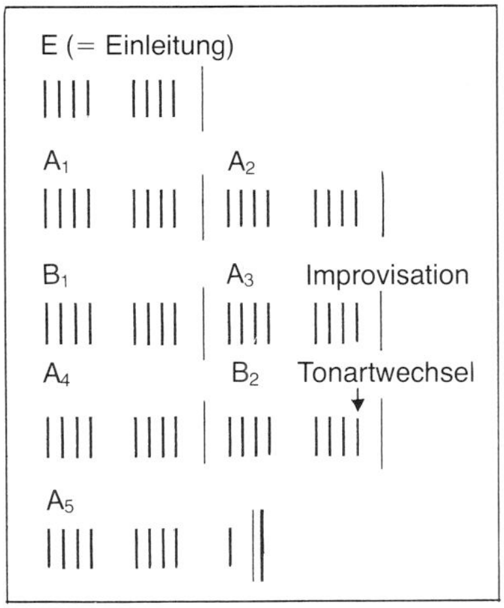

Titel »Au Galop«, Seite A Nr. 3
Tempo = 104, $^4/_4$ Takt
Dauer: 1,20 min.

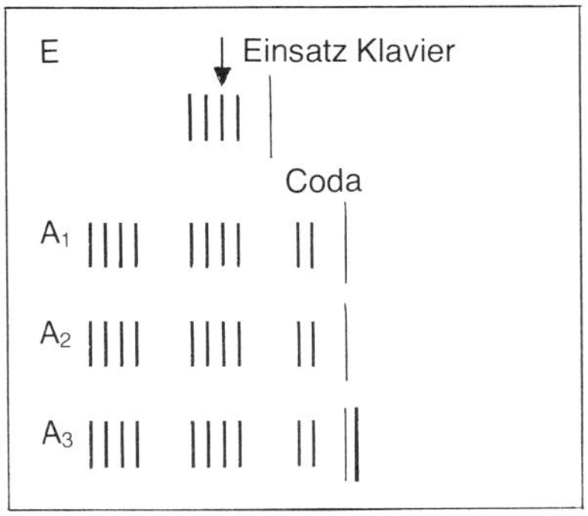

Es handelt sich hier um ein einteiliges Stück, dessen Melodie einmal vorgestellt und dann zweimal variiert wird. Eine Einleitung beginnt mit zwei Takten Schlagzeug, dann erst setzt das Klavier ein.
Für Musikstücke mit einer größeren Anzahl von Instrumenten braucht man sicher viel Zeit und Übung, um Einsätze und andere Feinheiten herauszuhören und an entsprechender Stelle zu kennzeichnen. Auch sind nicht alle Stücke so übersichtlich aufgebaut wie die beiden Beispiele. So darf man sich nicht wundern, unterschiedlich viele Takte in einem Teil vorzufinden.

Musik bearbeiten

Sollte ein Musikstück nicht die erforderliche Länge haben (durch Zeitnehmen auf der Stoppuhr festzustellen), muß eine Kürzung vorgenommen werden. Dabei gibt es folgende Möglichkeiten:

- Nach bestimmter Zeit an geeigneter Stelle – am Ende eines musikalischen Teils – ausblenden, d. h., die Musik allmählich leiser werden lassen. Dies ist nur bei Cassettenrecordern oder Tonbandgeräten mit Handaussteuerung möglich
- an der gleichen Stelle, am besten nach der »eins« des folgenden Teils, auf die Pause- oder Stoptaste drücken
- in einem Tonstudio oder von Hobby-Tonmeistern interessante Musikteile herausschneiden und neu zusammenstellen lassen
- bei zu kurzer Musik kann auf ähnliche Weise, mit entsprechend zueinanderpassenden Teilen, verlängert werden.

Tanzmusik

Moderne Tanzmusik (»Im strikten Rhythmus«, »Tanzplatte des Jahres«) ist standardisiert, d. h. im Tempo und rhythmischer Grundlage weitgehend festgelegt worden.
Das Orchester für **Standard-Tänze** (Slowfox, Quickstep, Tango, Langsamer Walzer, Wiener Walzer) entspricht in etwa dem klassischen Modell einer Big-Band mit Rhythmus- und Melodiegruppe (hier mehrere Trompeten, Saxophone, Posaunen).
Bei den **Lateinamerikanischen Tänzen** (Samba, Rumba, Cha Cha Cha, Paso Doble, Jive) wird die Rhythmusgruppe um einige Perkussionsinstrumente (z. B. »Sambagurke«, »Rumbarassel«, Claves, Cuica, Bongos, Congas, Schellenring) erweitert.
Ausnahmen bieten in diesem Zusammenhang der Tango und der Jive, denn beide Tänze gehören vor allem musikalisch in die jeweils andere Gruppe!
Der **Rock 'n' Roll** bildet eine Sondergruppe innerhalb des Tanzsports.

Musik zur Bewegung

Viele der angeführten Tänze können für folgende Grundformen der Bewegung benutzt werden:

- **Slowfox:** Schnelles Schwingen, Gehen, Drehen, Schrittverbindungen, Dehn- und Kräftigungsübungen.
- **Quickstep:** Federn, Hüpfen, Seitgalopp, schnelles Laufen.
- **Langsamer Walzer:** Gehen, Drehen, Dehn- und Kräftigungsübungen (Schwingen und Springen ist bei diesem Tempo nicht möglich!).

- **Wiener Walzer:** Gehen, Drehen, Hüpfen, Springen.
- **Samba:** Hüpfen, Seitgalopp, Gehen, Drehen, Federn, Schrittverbindungen.
- **Rumba:** Schwingen, Gehen, Drehen, Schrittverbindungen, Dehn- und Kräftigungsübungen.
- **Cha Cha Cha:** Gehen, Springen, schnelle Hüpfer, schneller Seitgalopp, Schrittverbindungen, Drehen.
- **Jive:** Federn, langsames Laufen, schnelles Gehen, Schrittverbindungen.
- **Rock 'n' Roll:** Laufen, schnelles Federn, Springen.

Weitere Hinweise für Gymnastik zu Tanzmusik finden Sie in der Reihe des Deutschen Sportbundes »Training mit Musik«, Bad Homburg, Limpert-Verlag: Meusel, Waltraud/ Palm, Jürgen: Gymnastik ohne Gerät (I)
Meusel, Waltraud: Gymnastik mit Handgerät (II).

Anhang

Literatur und Musik Jazzgymnastik und Jazztanz

Literatur

Beckmann, Monika
Jazzgymnastik I und II, Stockholm 1966
Band 98 Schriftenreihe zur Praxis des Sports, Hofmann Verlag Schorndorf 1971

Berendt, Joachim, E.
Das Jazzbuch – von Rag bis Rock, 1953/1978
Fischer Taschenbuch Verlag Nr. 6246

Bünner, Gertrud/Röthig, Peter
Grundlagen und Methoden rhythmischer Erziehung
Klett Verlag Stuttgart 1971

Deutscher Turner-Bund
Aufgabenbuch 1979/80
Pohl-Verlag, Celle

Fischer-Münstermann, Uta
Von der Jazzgymnastik zum Jazztanz
Pohl-Verlag, Celle 1975

Günther, Helmut
Grundphänomene und Grundbegriffe des afrikanischen und afro-amerikanischen Tanzes
Universität Edition, Graz 1969

Günther, Helmut
Jazz Dance, Geschichte, Theorie, Praxis
Henschelverlag, Berlin 1980

Gutsche, Klaus-Jürgen
Verband Deutscher Sport- und Gymnastikschulen (VDSG) in Sportunterricht 9/1980 S. 364 ff.

Kramer-Lauf, Dietgard
Tanzdidaktik, Modell kommunikativen Handelns
Verlag Karl Hofmann, Schorndorf 1978

Mißmahl-Brunner, Inge
Jazztanz – Training, Technik, Taktik
rororo Sportbücher, Band 7025 1978

Schabert, Karin
Tänzerische Jazzgymnastik
BLV-Verlag, München 1980

Schabert, Karin
Jazz Dance
BLV-Verlag, München 1983

Traguth, Fred
Modern Jazz Dance – Einblick und Methodik für Amateure und Professionals
Verlag Dance Motion, Bonn 1977

Vent, Helmi/Drefke, Helma
Gymnastik/Tanz – Sport Sekundarstufe II
August Bagel Verlag, Düsseldorf 1981

Zwerin, Michael
»Jazz erobert die Welt«
in Das Beste aus Reader's Digest
Nr. 8/1980

Fischer-Münstermann, Uta
Video-Sportlehrprogramm Jazz Dance, Methodik – Technik – Choreographie
Film 1 Polyzentrik
Film 2 Lokomotion – Raumbewegung
Film 3 Bodenexercises – Falls – Levels
Studio Lorenzen, Fachverlag für Sportmusik u. Videotechnik GmbH, 2370 Rendsburg, Rotenhöfer Weg 78 a (Prospekt anfordern)

Musikvorschläge

Ausgewählt nach Gesichtspunkten der Verschiedenartigkeit und Vielseitigkeit der Verwendung (nur Langspielplatten). Angegeben sind jeweils Titel, Interpret, Bestell-Nr. und Art und Verwendung der Musik.

Afro-Beat
Heinz Lemmermann
Fidula Fon 3070
Instrumental Training, Grundtechnik (1)

Digital Ragtime
Scott Joplin
Electrola 065-86 123
Instrumental, Klavier, Federn, Laufen, Hüpfer, Springen im Jazzstil

Ragtime
Specht Groove Vol. 1/2/3
Intercord 26 584-3MB / 28 535-3B
Instrumental, Klavier u. Schlagzeug
Vielseitiges Training, Grundformen, Gestaltung

Jazz Dance
Count Basie, Coleman Hawkins, Oscar Peterson u. a.
Paldo 23 10890
Anspruchsvolle Jazzmusik
Empfohlen vom DTB, Mitarbeit Uta Münstermann
Vielseitiges Training

Contemporary-Dance, Beginners
Hikki Cole
DC 020 Vol. 1
Exercise für Modern-Dance und Jazz (mit Beschreibung, engl.) (2)

Rhythmes africains, afrocobains et orientaux
Guem
Le Chant du Monde LDX 74620
Differenzierte Trommelrhythmen, Training, Afro-Jazzdance (3)

Guem et Zaka Percussion
Guem
LDX 74 674
Trommelmelodien, Training, Afro-Jazz

The Soul of black Musik
The Gospel Scene
Vogue VG 306 (Doppel Album)
Instrumental u. Gesang
Schwingen, Federn, Drehen, Üben u. Gestalten

Sky 2
Mehrere Interpreten
Ariola 301 118-406
Instrumental, verjazzte Klassik

Golden Country und Westernhits
mehrere Interpreten 1–3
Fontana Nr. 1:6430 034, Nr. 2:6430 035, Nr. 3:6330 036
Instrumental und zum Teil Gesang – Hüpfen, Training, Western-Tänze

The very best of Rock in Roll
Ausgewählte Rocks berühmter Interpreten
BDS 5133 (2LP)
Instrumental und Gesang, verschiedene Tempi
Originale Fassungen

Les Pays de tout en tout
Dominique Laurent
Unidisc UD 30 15555
Für Pantomime und Improvisation (4)

Oxygene (u. a.)
Jean Michel Jarre
Motors MTO 77600 CB 271
Atmosphärische Klänge, Improvisation, freie Gestaltung

Pyramide (u. a.)
Alan Parsons
Arista 201 129
Atmosphärische u. rhythmische Synthesizer Musik, Improvisation u. Gestaltung

Wish you were here
Pink Floyd
Electrola Emi 1c 064-96 918
Atmosphärische Musik, Spannung-Lösung, Improvisation und Gestaltung

Behind the Garden
Andreas Vollenweider
CBS 85 545
Elektrische Harfe, Drums u. Percussions stimmungsvoll, weichfließend, Training, Tanz

Fantásia
Blonker
Philips 6435058
Melodische Gitarre für Technik und Gestaltung

Disco Charge Boys
Town Gang
Ramsh – 5024
Flotte Disco-Musik für Trimming 130 u. Discotänze (5)

Voodoo Man/Brakin UP
Roni Griffith
Maxi-Single 0932.013
Südamerikanische Rhythmen im Discostil, flott für »Trimming 130« (6 min. Spieldauer am Stück) (5)

Kongas-Africanism
Ceronne
CBS 82 655
Disco-Afromusik für Training und Gestaltung

Star Collection (Lake five u. andere)
Dave Brubeck
Midi Mid 20 092-F
reine Jazzmusik (anspruchsvoll, ungerade Rhythmen) Choreographie

Star-Collection
»The Duke lives on«
Duke Ellington
Midi Mid 24 021-F
reine Jazzmusik, Instrumental, anspruchsvoll, Jazzgestaltung

Star-Collection
Herbie Mann
Midi Mid 20 018-F
reine Jazzmusik, Instrumental, Jazz-Choreographie

Jazz Dance
Pablo 23 10 890
reine Jazzmusik, ausgewählt von Uta Münstermann nach den Bedürfnissen des Jazz Dance

Anmerkungen zum Bezug der Schallplatten:

(1) Fidula Verlag, 5407 Boppard am Rhein

(2) Wolfgang Gielow
Spezialgeschäft für Literatur u. Musik sowie Tanz- u. Ballettbekleidung
8000 München 80, Maxweberplatz 3

(3) wie (2) und Auslandsdienst, sonst Schweiz und Frankreich

(4) wie (2) u. (3)

(5) Pop-Musik ist in der Regel kurzlebig, die Beispiele können durch andere ersetzt werden.

Literatur, Filme und Musik Moderne Tanzformen

Literatur

Autorenteam
Tanz Guchi Zytglogge Werkbuch
Zytglogge, Bern 1981

Berendt, Joachim, E.
Das Jazzbuch – von Rag bis Rock
1953/1978 Fischer-Taschenbuch Nr. 6246

Fischer-Münstermann Uta
Von der Jazzgymnastik zum Jazztanz
Pohl-Verlag, Celle 1977

Gaß-Tutt, Anneliese
Tanzkarusel 2
Fidula, Boppard 1978

Günther, Helmut
Von Rock 'n' Roll bis Soul
Hepp, Osterfildern 1976

Haselbach, Barbara
Tanzerziehung
Klett, Stuttgart 1971

Haselbach, Barbara
Improvisation, Tanz, Bewegung
Klett, Stuttgart 1976

Klindt, Ela
Tanzen in der Schule
Hofmann, Schorndorf 1977

Klindt, Ela/Schabert, Karin
Tänze aus Israel
Schriftenreihe Sportwissenschaft und Sportpraxis Hamburg 1970 Band 2

Mahler, Madeleine
Kreativer Tanz
Zytglogge, Bern, 1979

Mißmahl-Brunner, Inge
Jazztanz – Training, Technik, Taktik
rororo Sportbücher 1978 Nr. 7095

Schmolke, Anneliese
Das Bewegungstheater
Möseler, Wolfenbüttel 1976

Sorell, Walter
Das Buch vom Tanz
Knaur-Droemer München 1969

Vent, Helmi/Drefke, Helma
Gymnastik/Tanz – Sport Sekundarstufe II
Bagel, Düsseldorf 1981

Zarmer, Gertrud/von Kerssenbrock, A.
Tanz Mit
Pohl, Celle 1979

Filme

Rhythmische Bewegungsbildung 1–6
Hofmann-Verlag, Schorndorf
Elementarer Tanz 1–5
Hofmann-Verlag, Schorndorf

Musikvorschläge

Gruppen und Interpreten, deren Musik, abgesehen von der aktuellen Popmusik, zu modernen Tanzformen eingesetzt werden können:

Herb Alpert, Eugen Cicero, J. J. Cale, Chicago, Earth, Wind & Fire, The Alan Parsons Project, Santana, Specht Groove, The Shadows, Ramsey Lewis, Jean Michel Jarre, Quincy Jones, Zaka Percussion, Stanley Clark

Bestelladressen für Schallplatten

FidulaFon 5407 Boppard/Rhein
Georg Kallmeyer Verlag, Großer Zimmerhof 20
3340 Wolfenbüttel
Mundsburger Musikmagazin, Mundsburger Damm 50, 2000 Hamburg 76

Literatur Musik und Bewegung

In folgenden Büchern finden Sie Hinweise über Musik, Musik und Bewegung und Bewegungsbegleitung.

Langhans, Herbert
Handtrommelübung und Anleitung zur Bewegungsbegleitung für Tanz, Rhythmik, Gymnastik;
Musikverlag zum Pelikan, Zürich 1972

Schmolke, Anneliese/Tiedt, Wolfgang
Rhythmik/Tanz in der Primarstufe;
Möseler, Wolfenbüttel 1978

Vent, Helmi/Drefke, Helma
Gymnastik/Tanz – Sport – Sekundarstufe II;
Bagel, Düsseldorf 1981

Arbeitshilfen des DTB

Bücher

Jahrbücher des Deutschen Turner Bundes
Aufgabenbuch des DTB
Tabellenbuch des DTB
Fachbuch »Aerobic-Gymnastik für die Praxis«
Deutsches Turnen, amtliches Organ des DTB

Musik

Kassette Deutsches Gymnastikabzeichen Stufe 1
Kassette Deutsches Gymnastikabzeichen Stufe 2
Schallplatte/Kassette Musik zur Gymnastik 1–3
Schallplatte/Kassette Musik »Aerobic-Gymnastik richtig«

Abzeichen

Deutsches Gymnastikabzeichen Stufe 1 + 2
Urkundenheft, Urkunden

Videofilme VHS

Deutsches Turnfest 83 Frankfurt
Abschlußveranstaltung des Deutschen Turnfestes 1983 Frankfurt
Gymnastik + Tanz

Weitere BLV-Bücher für Gymnastik und Tanz

blv sport

Karin Schabert

Tänzerische Jazzgymnastik

Moderne gymnastische Trainingsformen, die auf dem »Modern Jazz Dance« beruhen · charakteristische Bewegungsarten, Positionen, Haltungen, Bewegungsformen · Übungsbeispiele · Musikvorschläge.

3. Auflage, 120 Seiten, 169 Abbildungen

Karin Schabert

Jazz Dance

Technik · Improvisation · Gestaltung · Choreographie

Komponenten des Tanzes · Bewegungsprinzipien des Jazz Dance · Haltungs- und Bewegungsbezeichnungen · Darstellung von Raumwegen und Raumaufteilung · Übungsbeispiele mit vielen Fotos.

96 Seiten, 261 Fotos, 7 Zeichnungen

blv sport

Gertrude Krombholz

Tanzen für alle

Von den Grundelementen zu geselligen Tanzformen

Tänzerische Grundelemente · moderne Tanzformen nach Beat- und Pop-Musik · Gesellschaftstanz · folkloristische Tanzformen · Tänze für die Familie.

2. Auflage, 143 Seiten, 395 Fotos, 81 Zeichnungen, 1 Schallplatte

blv sportpraxis 208

Gertrude Krombholz/Peter Haag

richtig rock 'n' roll tanzen

Geschichtliche Entwicklung · tänzerische Grundelemente und verschiedene Grundtechniken · Rock 'n' roll: Double Time, Halbakrobatik, Akrobatik, Turniersport.

2. Auflage. 127 Seiten, 116 Farbfotos, 106 s/w-Fotos, 30 Zeichnungen

blv sport

Atja Götzova-Kumpf

Rhythmische Sportgymnastik

Gymnastik mit Handgeräten für Anfänger und Könner

Klassische Handgeräte (Ball, Band, Keule, Reifen, Seil) und ihre Anwendung · Techniken, Variationen und Improvisationen · 700 praktische Übungsbeispiele.

175 Seiten, 1036 Fotos

In unserem Verlagsprogramm finden Sie Bücher zu folgenden Sachgebieten:

Garten und Zimmerpflanzen · Natur · Haus- und Heimtiere · Angeln, Jagd, Waffen · Sport und Fitness · Wandern und Alpinismus · Auto und Motorrad · Essen und Trinken · Basteln, Handarbeiten, Werken.

Wünschen Sie Informationen, so schreiben Sie bitte an:
BLV Verlagsgesellschaft, Postfach 40 03 20,
8000 München 40

BLV Verlagsgesellschaft München

Halten Sie durch bis zum Schluß?

Wenn Sie diese letzten Seiten lesen, ganz bestimmt!

Denn Sie sollten wissen, daß für eine optimale sportliche Leistung nicht nur ein abgestimmtes Training wichtig ist, sondern die dazu passende Ernährung ebenso.

Der Deutsche Turner-Bund empfiehlt deshalb ENERDAY PROTEIN, als Zusatzdiät für jeden Sportler und als Schlankheitsdiät für Übergewichtige.

ENERDAY PROTEIN ist eine neuartige Kombination natürlicher, hochwertiger Nährstoffe mit doppeltem Wirkmechanismus. Durch eine Nährstoffverwertung praktisch ohne Insulinausschüttung, erreichen Sie eine Aktivierung der Muskulatur und einen schnellen Abbau der Fettdepots.
ENERDAY PROTEIN schmeckt gut (Apfel-, Kakao- oder Vanillegeschmack), ist schnell in einem Glas Wasser zubereitet und gibt Ihren Muskeln die Energie, die Sie brauchen, damit Sie bis zum Schluß durchhalten und Ihr Ziel erreichen – fit zu werden und fit zu bleiben.

Schlank und voll in Form mit ENERDAY PROTEIN! Nur in Ihrer Apotheke.